FICHA CATALOGRÁFICA
Bibliotecária: Alice Tacão Wagner - CRB 7/RJ 4316

S487j
Serrano, Pablo Jiménez.
Metodologia da ciência do direito. [livro eletrônico] / Pablo Jiménez Serrano. Rio de Janeiro: Jurismestre, 2016.

236 p. : Il.

ISBN 978-85-69257-22-6

1. Direito. 2. Direito - filosofia.3. Direito - metodologia. I. Título.

CDD – 340

***Editoração e Acabamento*:**
Editora Jurismestre – Rua H, n. 173
Fone: (24) 99905-8200 – 27251-223 – Volta Redonda, RJ.
www.loja.jurismestre.com.br
contato@jurismestre.com.br

Pablo Jiménez Serrano

Graduação em Direito pela Universidade do Oriente, Cuba (1983), Mestrado em Epistemologia da Política e do Direito pela Universidade São Judas Tadeu (2005) e Doutorado em Direito pela Universidade do Oriente, Cuba (1996), diploma revalidado (RECONHECIDO), de acordo com os documentos constantes do Processo n. 2000.1.4694.1.7 pela Universidade de São Paulo - USP/SP (02 de agosto de 2004). Cursou o Programa de Doutorado: Metodologia Fontes e Instituições Jurídicas da Universidade de Alicante, Espanha. Professor e pesquisador do Centro Universitário Salesiano de São Paulo, Unisal, Lorena. Professor e pesquisador do Centro Universitário de Volta Redonda, UniFOA. Professor e pesquisador do Centro Universitário de Barra Mansa, UBM. Tem experiência na área de Direito, com ênfase em Direito Civil e Direito do Consumidor, atuando principalmente nos seguintes temas: Metodologia do Ensino e da Pesquisa Jurídica, Hermenêutica e Interpretação Jurídica, Filosofia do Direito, Ética Pública e Empresarial, Teoria do Direito etc. É autor de vários livros e artigos científicos.

"Sabe mais quem admite que não sabe tudo".

Pablo Jiménez Serrano

SUMÁRIO

Prefácio

Sorte a daquele estudante ou profissional de direito, que se depara com mais uma obra do professor Pablo Jiménez Serrano.

Ora, só pode estar com sorte, porque vai receber conhecimentos de valor inestimável, concernentes à Metodologia Científica, cujo efeito em seu raciocínio jurídico posterior será perene e inexorável. Cujo efeito, será conhecer com precisão, as entranhas da epistemologia jurídica e a engrenagem do planejamento, elaboração de trabalhos científicos.

O eminente professor cubano-brasileiro aqui agrupou vários trabalhos esparsos; em função das sistemáticas e incansáveis aulas sobre tais temas, preparadas e organizadas em forma de apostilas, com inigualáveis dedicação e carinho.

Com isso, esta obra é mais completa, suficiente mesmo para dar base sólida ao conhecimento do Direito e, sobretudo, à elaboração de monografias: Trabalhos de Conclusão de Curso, Dissertações de Mestrados e Teses de Doutorado, assim como respectivas defesas perante as Bancas Examinadoras.

Parabéns ao Professor Pablo Jiménez Serrano e aos leitores. Parabéns, mais uma vez ao Brasil, por acolher e ser honrado com a presença deste destacado professor, jurista e pesquisador como seu filho digno.

Francisco da Silva Caseiro Neto
Advogado em São Paulo, Mestre em Direitos Difusos e Coletivos pela PUC-SP.
Professor de Prática Forense Civil, Processo Civil e Legislação de Interesse ao Turismo da PUC-SP. Professor de Direito Romano da Faculdade de Rio Branco de São Paulo.

Introdução

Na presente obra procuramos discorrer os problemas metodológicos mais relevantes desta importante área do conhecimento humano. Sua publicação se justifica pela necessidade de introduzir nas aulas universitárias, de forma dinâmica e amena, conteúdos que possibilitem aos estudantes o conhecimento e domínio dos métodos gerais das ciências e particulares do direito, com o intuito de facilitar a compreensão dos processos lógicos desenvolvidos durante a interpretação e a pesquisa jurídica, ajudando, com isso, a selecionar o caminho adequado para os estudos jurídicos.

Visto que a compreensão dos métodos de interpretação e pesquisa jurídica é indispensável para todo estudante de direito, tanto para aqueles que desejam se converter em pesquisadores ativos, como para aqueles que só pretendem se dedicar ao exercício prático. Assim, e conforme à importância teórica e prática da Metodologia Científica ao redigir a obra pensamos nos seguintes objetivos:

a) recensear as questões relevantes decorrentes de um enfoque metodológico/epistemológico do direito, a saber: *o debate entre ciências naturais e ciências sociais - convergência ou independência? problemas decorrentes das opções epistemológicas: funções da ciência e a separação entre dogmática jurídica e teoria do direito.*

b) desenvolver habilidades para a interpretação e a pesquisa jurídica, a partir da introdução dos métodos e das técnicas próprios de cada uma dessas atividades.

c) fazer com que os estudantes compreendam que as técnicas para a interpretação e a pesquisa jurídica têm especiais expressões em todos os sistemas jurídicos e uma transcendência teórica e prática na resolução dos problemas e conflitos jurídicos.

Quanto à sua utilidade, no âmbito acadêmico, pretende-se: 1) estimular uma cultura de pesquisa; 2) formar habilidade para a análise crítica do direito; 3) contribuir para o desenvolvimento de uma visão abrangente das ciências jurídicas; 4) difundir o conhecimento científico; 5) criar as bases para a integração do ensino, da pesquisa e da extensão universitárias.

Nos primeiros capítulos discutimos o que é ciência em geral e abordamos a questão da separação entre ciências sociais e naturais. Destacamos, assim, a problemática que deriva da compreensão epistemológica do conhecimento jurídico e as maiores dificuldades que o jurista hodierno enfrenta ao assumir uma dada postura metodológica.

Fazemos igualmente uma exposição das principais teorias existentes a respeito da cientificidade do conhecimento jurídico e, partindo das opiniões de importantes autores, analisamos o impacto de cada escolha metodológica no plano axiológico, com o intuito de mostrar quais seriam as consequências de se adotar uma ou outra postura metodológica, tais como, ceticismo, idealismo, relativismo, niilismo, etc.

Já, na segunda parte da obra, discutimos diversas questões correspondentes à pesquisa jurídica em geral, reservando uma boa parte do texto para a explicação da escolha dos temas e orientação das formas de estudar, pesquisar e construir: monografias, dissertações de mestrado e teses de doutoramento.

Em suma, colocamos à disposição do leitor um conjunto de critérios e orientações que esperamos sirva de alicerce para o desenvolvimento de um pensamento científico crítico em face da boa compreensão e uso da Metodologia da Ciência do Direito. Espera-se que os estudantes sejam capazes de defender seus pontos de vista, forjando neles a convicção da necessidade de renovar e completar ininterruptamente seus conhecimentos e de aplicá-los na transformação criadora da realidade.

CAPÍTULO 1
O CONCEITO DE CIÊNCIA

"A Ciência é o maior patrimônio da humanidade. Preservemos o conhecimento presente para garantir o futuro".

Pablo Jiménez Serrano

1.1 Pluralidade Metodológica das Ciências

Sempre que iniciamos um curso de Metodologia da Ciência do Direito sentimos a necessidade de referenciarmos alguns dos principais problemas teóricos e metodológicos abordados nesta importante disciplina, a saber:

a) para quê serve a Metodologia da Ciência do Direito?

b) quais são as razões e finalidades do trabalho científico-jurídico;

c) qual é o objeto das pesquisas jurídicas?

d) quais são os métodos e as técnicas mais usadas durante a interpretação, pesquisa e aplicação do direito?

e) é a doutrina jurídica importante para o trabalho jurídico?

f) quais diferenças se observam entre a teoria e a prática jurídica?

e) existe uma dualidade entre "teoria pura" e "teoria aplicada" como noutras ciências?

h) devemos ver o direito como ciência teórico-interpretativa ou aplicada?

i) quais são as diferenças existentes entre a investigação e a interpretação jurídica?

j) que interpretamos: as normas, as teorias (doutrinas) jurídicas ou ambas inclusive?

k) a Metodologia da Ciência do Direito nos oferece essas respostas?

Isto porque, certamente, para poder compreender com consciência: a) *o que?* b) *por que?* c) *para quê?* e d) *como?* interpretamos e pesquisamos no direito, tais questões deveriam ser esclarecidas.

Em efeito, metodologia (do gr. *méthodos + logo + ia*) pode significar, e de fato significa, o discurso sobre métodos, isto é, o estudo dos métodos das ciências, dos caminhos que devem ser percorridos para desenvolver os estudos científicos que nos permitem aperfeiçoar o conhecimento humano. Admitimos, pois, que a metodologia é a ciência (conhecimento) das ciências. Eis a compreensão do significado da Metodologia da Ciência do Direito que, como disciplina auxiliadora, está sempre ao serviço dos estudos, ou seja, interpretação e pesquisas jurídicas.

Mais especificamente, a Metodologia da Ciência do Direito é uma disciplina básica e elementar para todo estudioso do direito. Ela fornece os conceitos e princípios fundamentais para crítica científica, ajuda a traçar o caminho para a compreensão da estrutura lógica, metodológica e epistemológica do direito e possibilita a formação das habilidades que permitem, entre outras coisas, desenvolver processos próprios da interpretação e da pesquisa e resolução dos problemas jurídicos.

A Metodologia da Ciência do Direito nos ajuda a compreender como lidar cientificamente com o trabalho jurídico, mostrando a projeção metodológica do direito, ora visto não como uma arte ou técnica, mas como uma área de conhecimento humano extremamente importante que tem problemas e método próprios.

Contudo, por meio da presente disciplina não se pretende introduzir conclusões absolutas, porém, apenas submeter à consideração dos estudantes os critérios e concepções mais relevantes sobre as ciências, a hermenêutica e as pesquisas jurídicas, ensinando a pensar, a criticar, a comparar e a construir teorias, com o intuito de acrescer o conhecimento dos futuros formandos e estimular as pesquisas estudantis.

1.1.1 O conceito de ciência

Como "ciência" geralmente se designa um *tipo específico de conhecimento*, isto é, um conjunto de conhecimentos considerados válidos e oportunos, que se mostram vinculados e sistematizados fazendo referência a um objeto. Porém, não há um critério único (uniforme) por meio do qual se possa mostrar a exata extensão do conceito "ciência", visto que os vários critérios científicos formulados sobre o assunto têm fundamentos filosóficos controversos que extravasam a prática científica. Tal problemática se expressa, como veremos, na classificação das ciências e se agrava pela arbitrária negação do caráter científico das ciências humanas e/ou sociais. Essa complexidade também atinge ao direito.

Etimologicamente, ciência é sinônimo de conhecimento (*scire, scientia*). Todavia, a ciência é, com frequência, definida como conhecimento verdadeiro e completo. No entanto, as modernas discussões sobre o termo ciência geralmente estão ligadas à metodologia, independentemente de que se reconheça que as diversas ciências têm práticas metódicas que lhe são peculiares e exclusivas, renovadas ou antigas, que são expressões de uma dualidade fundamental e radical do método das chamadas *Ciências Humanas* e das *Ciências da Natureza*. (FERRAZ JR, 1980, p. 9)

Parece-nos que cada ciência está acompanhada de um sistema de proposições rigorosamente demonstradas, constantes, gerais, ligadas mediante relações de subordinação. Sendo seu único objetivo compreender o mundo em que vivemos. Por isso mesmo, a ciência pode ser definida como um conjunto de conhecimentos ordenados, válidos, relacionados e sistematizados referentes ao estado passado, presente e futuro dos fenômenos. Desta forma se verifica que *conhecimento*, *ciência* e *saber científico* são conceitos situados no mesmo nível.

1.1.2 Componentes básicos das ciências

Distinguimos os diversos sistemas, formas e espécies de conhecimento por meio de seus elementos componentes. Qualquer área de conhecimento humano, para ser considerada ciência, deve reunir os seguintes componentes básicos: *conceitos*, *objeto*, *métodos* e *finalidades*.

a) Conceitos: cada ciência baseia-se nos seus próprios conceitos e definições. Os conceitos são abstrações, isto é, categorias lógicas que permitem o conhecimento das propriedades essenciais dos objetos e fenômenos da realidade estudada. As definições são as formas em que se expressam os conceitos. Por meio de uma definição se indicam as características essenciais de um objeto que o distinguem dos demais objetos.

Resta, portanto, compreender que as relações entre conceitos são as que caracterizam as relações entre os "fatos da ciência" e que os conceitos, formando parte da linguagem da ciência, funcionam como instrumentos nas pesquisas. As definições também são sumamente necessárias para se poder desenvolver pesquisas, pois por meio delas traduzimos os conceitos em aspectos mensuráveis, indicando as características, ou seja, qualidades e quantidades observadas no objeto, isto é, coisas, fatos ou fenômenos.

b) Objeto: toda ciência tem um objeto a ser estudado, isto é, um mundo, uma realidade sobre o qual recaem todas as nossas pesquisas e interpretações. Assim sendo, o objeto é um dos elementos componentes das ciências que poderá ser visto como uma parcela ou fragmentação do mundo todo, isto é, como um objeto de conhecimento humano que é abordado pela atividade teorética.

c) Métodos: define-se o método como um conjunto de princípios e regras que servem para a avaliação da evidência das teses e para julgar a adequação das explicações propostas, isto é, como um conjunto de padrões que permitem a seleção e teste de hipóteses. Assim, costuma-se distinguir as técnicas dos métodos, por referirem-se estas últimas a um conjunto dos instrumentos que permitem o desenvolvimento dos processos de pesquisas.

Os métodos, como também explicaremos, garantem a veracidade de um conhecimento, pois representam as direções ordenadas do pensamento na elaboração da ciência. A própria ciência fornece os métodos teóricos e empíricos que permitem revelar as regularidades interna e externa dos fenômenos e processos.

d) Finalidade: toda ciência tem finalidades próprias, isto é, fins que se expressam como resultado do desempenho de cada cientista e na suma de objetivo de cada pesquisa.

1.1.3 Bases para a classificação das ciências

O universo é harmônico; pois, ele não está constituído por um conjunto de objetos e fatos simplesmente justapostos e desvinculados. Comumente se entende que tudo se liga a uma explicação, a uma causa. Isso faz com que a ciência seja considerada também como infinita. Daí que cada ciência particular se liga a outra ou outras respeitando inacreditavelmente essa harmonia.

Há, contudo, uma hierarquia entre causas e princípios, assim como deve haver também uma hierarquia entre as diversas ciências que estudam tais causas e princípios. Assim surge a necessidade de uma classificação das ciências e a preocupação por parcelar o domínio do saber humano num certo número de ciências particulares, que se correspondem com diversos aspectos da realidade.

A respeito dessa necessidade alguns filósofos ocuparam-se com a enunciação de peculiares classificações. Aristóteles (384-322 a. C.), por exemplo, está entre os primeiros filósofos que se preocuparam com a classificação das ciências. A classificação aristotélica tomou por base a finalidade para assim distinguir as ciências *teóricas*, *práticas*, *poéticas*, conforme as três operações principais, pensar, agir, produzir. As ciências teóricas, tais como, as *matemáticas*, a *física* e a *filosofia* limitar-se-iam a contemplar a verdade primeira. As ciências práticas, tais como *moral* ou *ética*, a *economia* e a *política*, determinariam as regras que devem dirigir nossos atos. Já, as ciências *poéticas*, indicariam os meios a usar na produção de obras exteriores, tais eram a *poética*, a *retórica* e a *dialética*.

Para a classificação anterior se observou a colocação, no mesmo âmbito, das ciências e das artes que deveriam se conservar separadas. Também se considerou que as três operações, *pensar*, *agir* e *produzir* andam juntas, sendo certo que as mesmas estão intimamente ligadas e compenetradas.

Bacon (1561-1626), focalizando o ponto de vista subjetivo, classificaria as ciências da seguinte forma: 1) ciências de *memória*, como a *história natural*, a *civil* e a *sagrada*; 2) ciências de *imaginação*, tais como, a *poesia épica*, *dramática* e *alegórica*; 3) ciências de *razão*, como a *filosofia* com seu tríplice objeto, ou seja, Deus, homem, natureza. Contudo, observou-se que nessa classificação não se estabeleceria limite entre ciência e religião e apresentaria a razão como um pressuposto para as ciências, quando, na verdade, ela é a base (um dom) que nos permite pensar, agir e criar, não só ao homem de ciência, mas também ao comum.

Noutras classificações ressaltou-se a *simplicidade* ou *complexidade* de algumas ciências. Para Augusto Comte (1798-1857), por exemplo, as ciências deveriam ser classificadas em uma única série, em que a complexidade crescerá em razão inversa da generalidade e em que cada ciência suporá as ciências mais elementares e mais gerais. Por isso mesmo, partindo das mais simples e mais fáceis a estudar para subir gradativamente às mais complexas, Comte distinguiria seis tipos de ciências fundamentais, a saber: a) matemática; b) astronomia; c) física; d) química; e) biologia; e f) sociologia. Tal perspectiva colocaria para cada ciência uma ordem de complexidade e de objetos distintos a saber:

a) As ciências matemáticas, teriam por objeto a quantidade, ora considerada abstrata e independentemente das coisas, a saber, o número, a extensão e o movimento.

b) As ciências físico-químicas, estudariam a matéria inorgânica, suas leis e propriedades e compreenderiam: b1) a *física* propriamente dita, que estuda as propriedades gerais da matéria e comuns a todos os corpos, tais como, o "peso", o "calor", a "luz", o "som", a "eletricidade", etc., derivando dela diversos ramos; b2) a *química*, que estudaria a natureza e as propriedades especiais de cada corpo em particular: "oxigênio", "cloro", "enxofre", "ácido", etc., sua composição, suas afinidades e propriedades.

c) As ciências naturais ou biológicas, ciências da vida, das leis e das diversas formas que afetam os seres vivos e que compreenderiam: c1) a *botânica*, ciência da vida vegetal; c2) a *zoologia*, ciência da vida animal. Cada uma dessas ciências principais compreende um certo número de ciências secundárias, entre outras: a *anatomia* (vegetal ou animal), que descreve a forma e a estrutura dos membros e dos órgãos, a *fisiologia* (vegetal ou animal), parte da biologia que investiga as funções orgânicas, processos e atividades vitais, como o crescimento, a nutrição, a respiração, etc., a *sistemática* (animal ou vegetal), que se ocupa das classificações dos seres vivos, isto é, descreve e classifica as espécies animais ou vegetais, etc.

d) As ciências morais, históricas, sociais e políticas, que têm por objeto o homem enquanto ser inteligente, livre e social. Assim se destacam os seguintes três grupos: d1) *ciências psicológicas*, que estudam os fenômenos gerais da natureza humana: pensamentos, sentimentos, volições, hábitos, etc., a fim de determinar suas leis; d2) a *lógica*, que dirige a inteligência na investigação do verdadeiro; d3) a *estética*, que guia a imaginação superior na apreciação e realização do belo; d4) a *moral*, que dirige a vontade na prática do bem; d5) a*s ciências históricas* estudam os acontecimentos que se dão na vida humana, assim como as causas e as leis que presidem a sua aparição. Essas ciências compreendem não somente a história propriamente dita, mas também a geografia, a cronologia, a arqueologia, etc.

e) As ciências sociais e *políticas* estudam a estrutura geral das sociedades humanas, as leis de seu funcionamento normal e de seu desenvolvimento. Tais são *o* direito (jurisprudência), a *economia, a política* e várias outras ciências muito complexas.

Fora desse marco, falou-se também da Metafísica como ciência do ser (ontologia), dos primeiros princípios e das primeiras causas.

Até há pouco tempo, observa Mario Bunge (1989, p. 58), acreditava-se que a única aplicação prática da ciência era fornecer a química e a física para as engenharias; a química e a bioquímica para as técnicas agropecuárias e de produção de alimentos para a Medicina. Pensava-se sempre exclusivamente no uso que a técnica poderia fazer da Ciência Natural. Quase nunca se pensava na necessidade de consultar o antropólogo, o sociólogo ou o cientista político. Assim, é costume chamar de ciência só a *Ciência Natural*, deixando de lado totalmente a *Ciência Social*.

O próprio Bunge (1989, p. 26-30) classificaria as ciências da seguinte maneira: *a) ciência básica* que se propõe unicamente ao enriquecimento do conhecimento humano; *b) ciência aplicada*, conjunto de aplicações da ciência básica (também chamada de pura). Para este importante autor, tanto a pesquisa básica como a aplicada, utilizam o método científico para obter novos conhecimentos (dados, hipóteses, teorias, técnicas de cálculo ou de medição). Porém, enquanto o pesquisador de ciência básica trabalha com problemas que interessam só a ele (por motivos cognoscitivos), o pesquisador de ciência aplicada estuda os problemas de possível interesse social. O estudioso da ciência aplicada, afirma o autor, utiliza (geralmente, sem questionar) os resultados da pesquisa básica e busca novos conhecimentos com vista a suas possíveis aplicações práticas, mesmo que ele próprio não vá iniciar nenhuma pesquisa técnica.

Autores como William J. Goode e Paul K. Hatt (1971, p. 43) formulariam uma classificação similar, considerando-se que, certamente, existem as ciências *puras* e *aplicadas*. As *formais* ou *puras*, cujo objeto é ideal e onde geralmente o método mais usado seria a dedução. As *factuais* ou *aplicadas*, cujo objeto é material e seu método geralmente é a observação e a experimentação e, em segundo lugar, também a indução.

Outros, porém, explicando o valor do estudo da metodologia, classificam as ciências da seguinte maneira: a) ciências *naturais* e *exatas*; b) ciências *humanas*. As ciências humanas, não podem ser vistas como um bloco indivisível. Dentro delas, destacam-se as ciências *sociais*, cuja visão metodológica vê seu objeto socialmente condicionado, isto é, ele se torna incompreensível se estudado fora do contexto social. Dentro das ciências *sociais*, algumas são *aplicadas*, como Direito, Administração, Serviço Social. As ciências *sociais* clássicas incluem Sociologia, Economia, Psicologia, Educação, Antropologia, Etnologia, História. Ainda haveria Letras e Linguística, um grupo importante, embora menos delineado dentro das ciências *humanas*. O grupo das Artes é formado pelo estudo de todas as manifestações artísticas, como música, teatro, pintura, escultura, arquitetura, dança e literatura. Não menos relevante nas ciências *humanas* encontra-se a Filosofia, muitas vezes vista como conhecimento excessivamente teórico, sem vínculo com a realidade. Ainda, haveria outros ramos do saber que se encaixam nas ciências *humanas*, como Jornalismo, Planejamento Urbano, Geografia. (HENRIQUES, 1999, p. 19-20)

Resumindo, entre as diversas classificações das ciências atribuímos maior utilidade metodológica àquelas que tem como base: a) o critério da abstração (*ciências abstratas* ou *teórico-gerais*): a matemática, a astronomia, a física, a química, a biologia e a sociologia; e b) o critério da concreção (*ciências concretas*, *particulares* ou *especiais*): a botânica, a zoologia, a geografia, a geologia, a economia e o direito.

É oportuno ressaltar que, independentemente da classificação à qual pertence, a fonte essencial das ciências são as proposições que se regem pelas regras da metodologia e que cumprem os parâmetros das pesquisas. Em geral, a teoria proposta que não seja resultado de um processo de pesquisa não é científica.

1.1.3.1 Ciências naturais e ciências sociais

Nas classificações anteriores se observaram a distinção entre ciência humana e ciência da natureza e a separação dos fenômenos naturais dos sociais. Isto faz com que se afirme uma diferença essencial entre os métodos de abordagem, por meio dos quais se procura constatar, explicar e demonstrar a existência das ligações constantes entre fatos ou compreender os fenômenos humanos.

A introdução do compreender trouxe para a ciência o discutido conceito de valor. As ciências humanas passaram assim a ser explicativas e compreensivas à medida que se reconhece que o comportamento humano, não tendo apenas o sentido que lhe damos, tem também o sentido que ele próprio se dá; exige um método próprio que faz repousar sua validade na validade das valorações (individuais? sociais? ideais? históricas? que revela aquele sentido). Tais são as valorações capazes de perceber o significado positivo ou negativo dos fatos num contexto. De acordo com Tércio Sampaio, mesmo aceitando a dualidade básica entre ciência da natureza e ciência humana, não há, entre os que assim pensam, um acordo sobe o próprio método compreensivo, havendo aqueles que o declaram eminentemente *valorativo* (por exemplo, Myrdall, Miguel Reale), preferindo outros optar por uma "neutralidade axiológica" (Max Weber). (FERRAZ JR, 1980, p. 12)

Há uma opinião, com a qual também concordamos, por meio da qual se afirma que a distinção das ciências em naturais e humanas não se refere a uma classificação das ciências, mas tem raízes mais profundas. Não se trata de tipos de ciências, mas de ciências diferentes no seu *objeto* e no seu *método*. (FERRAZ JR, 1980, p. 10-11)

a) Ciências naturais: o senso comum entende por ciência natural a ciência de todos os objetos correspondentes à natureza exterior. Porém, hodiernamente a denominação se reserva para as ciências físico-químicas e biológicas. Tais são a física, que como dissemos, estuda as leis e as propriedades gerais da matéria, isto é, peso, som, calor, etc., e a química, que estuda as leis e as propriedades de cada espécie de matéria, ou seja, oxigênio, cloro, enxofre, etc. Como visto, o objeto destas ciências é a matéria viva, sua estrutura e composição química, como as reações múltiplas que nela se produzem, as leis, seu desenvolvimento, a natureza e a função de seus diversos órgãos, os tipos que realiza.

b) As ciências morais e sociais: ciências que estudam o homem tal qual é as que estudam o homem tal como deveria ser. As primeiras, se fazem derivar dos *fatos*, a fim de determinar-lhes as leis reais. As segundas, indicam o que *deve ser feito*. Ao grupo da ciência de *fatos*, puramente teóricas e descritivas parecem pertencer: a) a psicologia experimental, ciência dos fenômenos de consciência e de suas leis; b) a história, ciência dos acontecimentos passados e das causas que os determinam; c) a sociologia, ou ciência social, que estuda a estrutura geral das sociedades humanas, as condições do equilíbrio de suas instituições e as leis que presidem ao seu desenvolvimento. Ao grupo das ciências *ideais* e diretivas se filiam: a) a moral propriamente dita, ou ciência do bem; a lógica, ou ciência do verdadeiro, e a estética, ou ciência do belo; b) as ciências políticas que determinam as leis gerais de qualquer sociedade.

Acerca do confronto entre tais ciências tem sido negado às ciências morais e sociais o caráter de ciência, afirmando-se que os fenômenos que estudam são muito menos reais e especificamente distintos do objeto das outras ciências e que as conclusões das ciências naturais, diferentemente das sociais, têm um caráter incontestável e uma certeza.

1.2 O conhecimento científico

O termo *conhecimento* representa toda consciência que o homem é capaz de formar de uma realidade *objetiva* (fenômenos ou coisas) ou *subjetiva* (idéias: conceitos, teorias ou doutrinas). Conhecer (do latim *cognoscere*) é ter noção (ou informação) sobre um assunto. Assim, o conhecimento se diz um produto ideal implícito na significação ou construções linguísticas, a saber, conceito e proposições criadas pelo homem.

O conhecimento, mais que um milagre, assim considerado por Karl R. Popper (1999, p. 7), é um atributo, é mesmo uma expressão de uma capacidade limitada do homem. O conhecimento é o resultado de um processo que tem como base uma faculdade; é um dote natural ou uma aptidão mais ou menos desenvolvida e presente em cada ser humano.

Todo conhecimento implica uma atividade intencional que se dirige a um estado de coisas e se refere a um conjunto de vivências que se apreendem. Numa visão mais propriamente individualista (a pior de todas) o conhecimento tem-se relacionado com o poder humano, isto é, com a faculdade de apropriação e de disposição sobre as coisas da qual deriva a exclusão de seus semelhantes. Assim, por exemplo, sob o princípio "saber é poder", Francis Bacon (1558-1626) orientou todo o seu trabalho científico guiando suas pesquisas a respeito da natureza e procurando encontrar o caminho para o conhecimento científico.

Admitimos, pois, que para conhecer o homem interatua com o mundo que o cerca, transforma a natureza das coisas com o intuito de satisfazer sua necessidade, porém sem observar os resultados negativos que muitas vezes derivam de tal transformação, trilhando, assim, o caminho para a sua autodestruição. O empenho pela procura do conhecimento e a solução de problemas presentes faz surgir problemas novos.

A respeito do conceito de conhecimento o senso comum acredita que cada ciência descansa numa série de postulados ou supostos que, nos critérios de alguns filósofos e cientistas, estão fundamentalmente sem ser provados ou demonstrados. Tais são, na visão de William J. Goode e Paul K. Hatt (1971, p. 31-32), os problemas do ramo da filosofia da ciência a qual, geralmente, se denomina epistemologia. Esses postulados tratam da validez do saber humano e se reconhecem como algumas das bases não científicas da ciência, a saber: *a) o mundo existe; b) podemos conhecer o mundo; c) conhecemos o mundo por meio de nossos sentidos; d) os fenômenos estão relacionados causalmente.*

Contudo, o conhecimento científico tem-se feito depender das impressões dos sentidos, afirmando-se que chegar a uma resposta por "intuição" não resulta satisfatório como método científico. Nesse sentido, se reconhece que o conhecimento científico se constrói a partir de constatações certas, cuja evidência, em determinada época, nos indica, em alto grau, que elas são verdadeiras. A partir delas, a ciência se caracteriza pela busca de termos seguramente definidos, constituindo um corpo sistemático de enunciados. Como a noção de enunciados verdadeiros está ligada às provas propostas e aos instrumentos de verificação desenvolvidos no correr da História, o conhecimento científico pode ser bem diferente de uma época para outra. (FERRAZ JR, 1980, p. 10)

Conhecimento científico é o conhecimento pelas causas, isto é, um conhecimento necessário ao ser humano que se faz derivar do vínculo entre fenômenos e acontecimentos. Conhecimento científico é aquele que deriva de um processo (estudos) que visam caracterizar, explicar e resolver os problemas observados na natureza, na sociedade ou no pensamento. Assim, para um cientista não é suficiente saber, mas saber pela demonstração, mostrando as causas que originam os problemas numa dada realidade existencial. Daí que o conhecimento científico seja considerado como sendo:

1. Um conhecimento logicamente estruturado, fato pelo qual nos permitimos demonstrar ou justificar sua importância e necessidade. Note-se que o conhecimento vulgar pode ser certo, mas dita certeza é, de fato, espontânea e incapaz de justificar e prever futuros acontecimentos, isto é, posteriores consequências. Assim sendo, o conhecimento científico se refere aos motivos, ou melhor, à certeza do que vemos, ouvimos, sentimos, etc.

2. Um tipo de conhecimento geral que confere à ciência o caráter de generalidade, conformando leis, princípios, modelos, fórmulas, etc., válidos para toda situação, tempo e lugar (contexto).

3. Um conhecimento metódico que se corresponde e faz significar o verdadeiro caráter da ciência.

Um cientista procura compreender as relações que ligam os seres e os fatos ou fenômenos. Assim, se preocupa e idealiza o encadeamento dos fenômenos e liga dito encadeamento a uma lei, a princípios. Isto porque a ciência se constitui essencialmente como um sistema, isto é, um conjunto de proposições oportunas (ou aparentemente certas) metodicamente ligadas.

CAPÍTULO 2
METODOLOGIA CIENTÍFICA

"O planejamento condiciona o êxito de nossos trabalhos científicos. Pesquisar sem métodos é como andar sem rumo, é navegar sem orientação, é lutar sem uma estratégia".

Pablo Jiménez Serrano

2.1 Utilidade e objetivos da metodologia

Para pesquisar, em qualquer ciência, é necessário conhecer os meios que permitem alcançar o conhecimento. É a Metodologia Científica a que se encarrega do estudo desses métodos e técnicas que nos possibilitam o desenvolvimento de pesquisas científicas para a previsão e solução de problemas.

A definição mais comum de metodologia inclui a "prática de estudo da realidade que consiste em dirigir o espírito na investigação da verdade. É um instrumento, uma forma de fazer ciência, 'cuida dos procedimentos, das ferramentas, dos caminhos'. Para conhecer a realidade há vários caminhos e é deles que trata a metodologia" (HENRIQUES, 1999, p. 21). Verifica-se assim que, para desenvolver pesquisas científicas, podemos e devemos, de fato, optar por diferentes caminhos metodológicos em função do objeto estudado. Tal escolha está condicionada pelo tipo de estudo que realizamos.

A metodologia, certamente, fornece princípios, leis, conceitos e caminhos lógicos que estimulam o pensamento científico e que são imprescindíveis para o desenvolvimento da capacidade crítica e criativa. Ela nos mostra os métodos, nos ensina a dirigir o processo de pesquisa em função de determinadas necessidades materiais e espirituais e nos orienta, de maneira eficiente, na procura de informações e na elaboração, apresentação e defesa de determinados resultados.

Há, contudo, uma boa razão para afirmar que o objeto de estudo da metodologia é o processo de pesquisa científica, isto é, o conjunto de fases logicamente estruturadas e relacionadas entre si que executamos com o intuito de fazer ciência. Portanto, a metodologia da pesquisa científica é constituída por um sistema harmônico de informações que nos orientam antes e durante a abordagem da realidade e na construção coerente do conhecimento científico. Eis uma reflexão sistemática da utilização consciente dos princípios, características e leis do processo de pesquisa científica.

2.2 Correlação entre ciência, pesquisa e metodologia

A relação que observamos entre a metodologia e a pesquisa científica é tão importante quanto a relação de meio e fim que existe entre a metodologia e a ciência. Assim, analisando ambas as relações, podemos afirmar que: a) desenvolvemos pesquisas com o intuito de enriquecer as ciências; b) as pesquisas científicas se desenvolvem com auxílio da metodologia científica; c) logo, as ciências não podem existir sem pesquisa e sem metodologia científica.

Destarte, a ciência em relação à pesquisa é a representação daquele conhecimento que vai se enriquecendo passo a passo como resultado do trabalho científico. Portanto, se o desenvolvimento da ciência depende de novos conhecimentos, a construção desses conhecimentos depende de processos de pesquisas orientados metodologicamente.

2.3 Unidade metodológica das ciências

Como foi visto em seções anteriores, a respeito das diversas classificações das ciências, diversos autores procuram distinguir dois grupos de ciências, a saber: *a) ciências do abstrato*, que estudam noções ideais exprimindo relações simplesmente possíveis; *b) ciências do concreto*, que estudam seres e fatos reais, espirituais ou materiais. As primeiras, partindo de idéias e verdades abstratas e gerais, seguem um caminho dedutivo. As segundas, partem de realidades concretas para remontar o indivíduo a uma lei geral, seguindo assim uma marcha indutiva. Tomando como base a classificação anterior e, ainda, outras que aqui poderíamos também referenciar, observaremos que, se queremos falar da unidade da ciência ou de independência das ciências, antes de mais dada, devemos reconhecer que se cada ciência tem seus métodos próprios, porém todas elas se usam de outros tantos métodos gerais.

A respeito da unidade da ciência afirma Carnelutti (2002, p. 29) que a matéria das diversas ciências não é um mundo diverso e sim um aspecto diverso do único mundo ao qual devemos limitar nosso trabalho, porque somos pequenos e o mundo é imenso, assim, os resultados desse trabalho não são diversos senão porque são as diversas caras de um prisma único. Assim, vários são os métodos dos quais nos valemos (a *observação, análise, síntese, analogia, comparação, dedução e indução*) e empregamos, segundo o objeto próprio de cada ciência.

2.3.1 O método científico

O método deriva da metodologia e trata do conjunto de processos pelos quais se torna possível conhecer uma determinada realidade, produzir determinado objeto ou desenvolver certos procedimentos ou comportamentos. Neste sentido, o método nos leva a identificar a forma pela qual alcançamos determinado fim ou objetivo (OLIVEIRA, 1999, p. 57), por isso mesmo, aqui o definimos como sendo um conjunto dos processos que se empregam na investigação científica.

Os métodos de pesquisa científica ajudam a construir, isto é, a dirigir ordenada e logicamente o processo da pesquisa. Um método é um caminho já traçado que nos conduz a um fim com segurança, com prontidão, com facilidade. Os métodos nos ajudam a conformar, de maneira específica, o conjunto de procedimentos que desenvolvemos para resolver os problemas. Os métodos científicos garantem a direção ordenada do pensamento na elaboração da ciência. Assim, como "a ciência não tem, naturalmente, outros meios além dos sentidos e da inteligência: observar e raciocinar" (CARNELUTTI, 2002, p. 31), a observação, análise, síntese, analogia, comparação, indução e dedução acabam sendo métodos gerais por excelência (auxiliares e alternativos) que emprega o cientista e também o jurista.

2.3.1.1 Métodos gerais

a) Observação.

Toda pesquisa começa com a observação e finalmente tem de voltar a ela para encontrar sua convalidação final (GOODE, 1971, p. 148). A observação, no entanto, é, às vezes, considerada uma técnica que se refere à ação que, de forma simples ou sistemática, o pesquisador realiza antes e durante a análise dos dados ou simplesmente dos fenômenos.

Diga-se método ou, diga-se técnica, a observação é a grande mestra da ciência; o trabalho da lógica vem depois, porquanto pressupõe fatos percebidos. Assim, a observação é fundamental. Não é possível o excesso dela; nunca é demais o observar; pois, quanto mais observamos mais sabemos. (MIRANDA, 1972, p. 98)

Observar é olhar com atenção é constatar usando os nossos sentidos. Como atividade, a observação pode significar o ato de procurar conhecer a disposição das coisas, por exemplo, de um ou vários ordenamentos jurídicos com relação ao comportamento social. Assim, observar é tomar vivências de como estão relacionados e distribuídos os fenômenos e as valorações que sobre tal organização fazemos, é constatar, por exemplo, como estão associadas as proposições num contexto e estes dentro de um sistema.

Do ponto de vista de sua referência, a observação pode ser direta (dos fatos e relações) ou indireta quando desenvolvemos todo um trabalho teórico, de forma a familiarizarmos com a literatura, isto é, pesquisas, legislações, obras, tratados, compêndios mais atualizados sobre o assunto pesquisado, autos ou sentenças. Nessa perspectiva quando observamos exploramos, por isso se reconhece que "muitos estudos exploratórios têm como objetivo a formulação de um problema para possibilitar uma pesquisa mais precisa ou o desenvolvimento de uma hipótese. Estes estudos podem ter outras funções, ou seja, aumentar a familiaridade do investigador com o fenômeno que deseja pesquisar, por meio de um estudo mais consequente e melhor estruturado; esclarecer conceitos; estabelecer preferências para pesquisas posteriores [...]; ou proporcionar um censo de problemas urgentes". (SELLTIZ, 1987, p. 69)

Observado o fato, cumpre descrevê-lo. Isto exige algumas diligências pessoais que irão além da mera exposição dos fatos; pois, muitas vezes os resultados da observação imediata não evidenciam se certo elemento depende de outros nem qual a relação funcional deles. No campo jurídico a observação, por exemplo, serve para conhecimento das relações de que se induzem as normas e para o dos fatos, a que se devem aplicar as regras. O conhecimento dos fatos é de grande importância; e é por ele que se restitui à realidade o princípio jurídico, que dela se tirou como realizado ou reclamado por ela. Somente os fatos presentes e atuais são observáveis; os passados somente indiretamente podem ser conhecidos (testemunho, raciocínio). (MACH *apud*, MIRANDA, 1972, p. 99, 102)

À opinião anterior acrescente-se que a observação permite ao jurista lidar direta ou indiretamente não somente com normas e fatos, mas também com a abordagem documental, isto é, a revisão rigorosa da literatura (bibliografia). A operação de observar permite captar e avaliar a existência, importância e posicionamento das ordens, institutos, regras e teorias jurídicas. Assim, observamos para analisar, sintetizar, classificar, comparar, examinar institutos e doutrinas e para registrar o contexto histórico-jurídico de cada ordenamento jurídico.

b) Análise.

A análise é também um "método geral de que se utilizam todas as ciências. Entre as características de uma pessoa com senso analítico, ressaltam-se o interesse pela minúcia, pela exatidão, como a semelhança ou analogias, com a diferença entre objetos e seres". (HENRIQUES, 1999, p. 28)

A explicação implica a análise. Explicar é analisar um todo em parte ou uma complexidade em elementos que são mais simples, ou cujas relações são mais simples. Não podemos sondar o todo, que é o indistinto, o que se nos depara, se não o reduzirmos, sucessivamente, a elementos cada vez mais simples, desde que objetivamente sejam separáveis ou correspondam a variações objetivas as distinções feitas pelo pensamento (MIRANDA, 1972, p. 36). É assim que, por exemplo, o estudioso das distintas ordens ou fenômenos jurídicos distingue e especifica a função, o significado, a finalidade: a) de um fato, com relação a um ato jurídico (contrato, casamento ou testamento); b) de um instituto com relação a outro instituto; c) de uma regra com relação a uma norma, etc. Isso por meio da decomposição e exame de seus elementos para determinar a natureza, forma e aspectos essenciais dos mesmos.

Antes de analisar precisa-se observar. Na verdade, a observação e a análise acabam sendo processos simultâneos e sucessivos que guardam relação lógica para o raciocínio. O método de análise está presente no processo de estudo e confrontação dos textos (abordagem teórica e exegética das regras jurídicas contidas nas diferentes legislações), das teorias (opiniões, conceitos, classificações, etc.) próprios de cada sistema jurídico. Analisar um documento (lei ou texto jurídico), por exemplo, significa examinar a semântica, palavras, estilo, revelando as interpolações, lacunas e demais deficiências neles existentes. Durante a pesquisa bibliográfica também analisamos os textos para separar e registrar, através de fichas bibliográficas, o conteúdo mais importante e útil para as nossas pesquisas. Tal operação, como se explica na segunda parte do presente Compêndio, nos permite trabalhar as citações e desenvolver generalizações teóricas, a saber, críticas, comparações, avaliações e comprovações de hipóteses. Tudo isto, visando compreender as diversas informações contidas no documento, procurando saber:

1. O que representa (seu tipo e forma);
2. Seu contexto;
3. Dados do autor ou autores;
4. Objetivos de sua criação;

5. Confiabilidade;

6. Importância social, econômica, política, etc.;

7. Conteúdo valorativo;

8. Conclusões sobre os fatos nele contidos.

Em suma, ao analisar contextos, devemos levar em consideração a terminologia especial da ciência, para poder caracterizar e classificar as proposições que revelam dos fatos uma valoração e acabam originando a criação das leis.

c) Síntese.

Não sendo suficiente a análise, será necessário nos servirmos da síntese, que como método, essencialmente, consiste na reconstituição do todo que já foi dividido pela análise. A análise e a síntese "podem operar sobre fatos, coisas ou seres concretos, sejam materiais ou espirituais, no âmbito das ciências factuais, ou sobre idéias mais ou menos abstratas ou gerais, como nas ciências formais ou na filosofia" (LAKATOS, 1995, p. 45). Daí duas são as espécies de análise e síntese: 1) a análise e a síntese *experimental*; 2) a análise e síntese *racional*. A primeira se faz pela separação e reconstrução material (é usada nas ciências físicas e naturais), quando se trata de substâncias materiais; a segunda, quando se trata de fenômenos espirituais ou suprassensíveis. Estas operam, não mais sobre seres ou fatos, mas sobre idéias abstratas; são por isso usadas, sobretudo, nas matemáticas.

Parece-nos, portanto, que a análise e a síntese são dois processos fundamentais das pesquisas científicas. Neste sentido, é que se diz que alguns métodos particulares não são senão diversas formas de análise e sínteses, variadas e modificadas segundo as necessidades e os objetos das pesquisas.

A análise e a síntese acabam sendo as duas faces do mesmo interesse científico. Esses processos (análise e síntese) são inversos, mas complementares, e são a base de todos os métodos científicos (HENRIQUES, 1999, p. 28-29). A respeito disso, Descartes, em seu *Discurso do Método* (II parte), indicou nitidamente as condições gerais indispensáveis a qualquer investigação científica e as formulou em quatro regras:

1. Não aceitar nada como verdadeiro enquanto não se conheça evidentemente como tal. É a evidência posta como critério, isto é, como caráter distinto da verdade.

2. Dividir cada dificuldade em tantas parcelas quantas possíveis e necessárias, para melhor resolvê-las. É a regra da análise.

3. Conduzir por ordem os pensamentos, começando pelo objeto mais simples e mais fácil de conhecer, para subir pouco a pouco, como por degraus, até ao conhecimento do mais compostos. É a regra da síntese.

4. Fazer sempre recenseamentos tão completos e revistas tão gerais, que se fique seguro de nada ter omitido. É a condição comum e a garantia da análise e da síntese.

Dessas quatro regras, a última (a quarta) é menos um processo especial, isto é, o próprio fim de toda investigação científica e a razão de toda "certeza".

Resumindo, a análise é a decomposição de um todo em suas partes; a síntese é a reconstituição do todo decomposto pela análise. Em outros termos, a análise vai do que é mais complexo ao que é menos, enquanto a síntese consiste em ir do que é mais simples ao que menos é. Todas as ciências praticam a análise. Sem análise, o conhecimento se torna confuso e superficial, sem a síntese, é fatalmente incompleto. Com efeito, o conhecimento de um objeto não se limita à análise detalhada de suas diversas partes; deve-se também se conhecer o conjunto, isto é, a parte respectiva na ação total. Por isso, após ter decomposto o todo pela análise, devemos reconstituí-lo pela síntese.

d) Analogia.

Na linguagem cotidiana e com um sentido impreciso a analogia pode significar todo conhecimento pela observação das semelhanças observadas em vários objetos. Contudo, a palavra analogia pode significar reta proporção, correspondência. Veja-se que a expressão latina *proportio* se refere à igualdade de relação e, também, à correspondência.

Do ponto de vista filosófico, a analogia pode ser definida como igualdade de relação. Tal conceito, portanto, pode estar relacionado à estrita igualdade ou de semelhança observadas nas coisas ou fenômenos. Na linguagem científica, a analogia pode ser considerada como um dado raciocínio que conclui de certas semelhanças observadas outras semelhanças ainda não observadas. Daí que, por exemplo, se considere que se o objeto *A* é semelhante ao objeto *B*, em *B* devem estar repetidas algumas características já constatadas em *A*.

e) Comparação.

Comparar é confrontar (estabelecer relação) entre objetos, fenômenos ou coisas para deduzir suas características ou aspectos quantitativos ou qualitativos.

A comparação, ensina Carnelutti, nos leva a comprovar que entre os objetos estudados existem alguns que têm certas qualidades idênticas ou comuns e outros não. Assim, da comparação deriva a classificação. Cada um dos objetos que se apresentam à nossa observação é distinto dos demais e nisso está sua realidade e sua concreção. Mas também é certo que quando se consideram juntos dois ou mais objetos, nota-se que há entre eles semelhanças e diferenças. Umas e outras estão fundadas em sua qualidade. Estes não são senão modos de ser do objeto em relação a nossos sentidos, de tal maneira que sua mutação determina uma mutação de nossas sensações. A comparação dos objetos põe à luz sua qualidade [...]. Logo veremos como essa comparação ajuda a captar a diferença entre o *objeto* e o *conceito*. Em vez de *qualidade* pode-se dizer também caracteres (CARNELUTTI, 2002, p. 55). À tese anterior acrescentamos, por exemplo, que: a) no fenômeno jurídico "contrato" se observa um dado conteúdo patrimonial não predominante no fenômeno "casamento"; e b) nos fenômenos "contrato" e "casamento" observamos uma manifestação bilateral de vontade não vista no fenômeno "testamento". Ainda, entre os diversos contratos observam-se características diferentes com base nas quais formulamos classificações, a saber, compra e venda, troca, locação, doação, etc.

f) Indução.

A indução foi vista por determinados filósofos como o método científico por excelência, isto é, o método fundamental das ciências naturais e sociais que possibilita o desenvolvimento de enunciados gerais sobre as observações acumuladas de casos específicos ou proposições que possam ter validades universais. O ponto de partida da indução não é um princípio, como na dedução, mas a observação dos fatos e dos fenômenos, da realidade objetiva. Seu ponto de chegada é o estabelecimento de leis ou regularidades que regem os fatos ou fenômenos. (OLIVEIRA, 1999, p. 60-61)

Assim, diversos autores vêem a indução como "um processo mental por intermédio do qual, partindo de dados particulares, suficientemente constatados, infere-se uma verdade geral ou universal, não contida nas partes examinadas. Portanto, o objetivo destes argumentos é levar conclusões cujo conteúdo é muito mais amplo do que o das premissas nas quais se basearam". (LAKATOS, 1995, p. 47)

De acordo como Karl Popper, é comum dizer-se "indutiva" uma inferência, caso ela conduza de *enunciados singulares* (por vezes denominados também enunciados "particulares"), tais são as descrições dos resultados de observações ou experimentos, que nos conduzem a *enunciados universais* ou teorias. O problema da indução, afirma o citado autor, pode ser apresentado como indagação acerca da validade ou verdade de enunciados universais que encontrem base na experiência. Assim sendo, o princípio de indução há de constituir-se num enunciado sintético, ou seja, enunciado cuja negação não se mostre contraditória, mas logicamente possível. (POPPER, 1972, p. 27-29)

No entanto, observamos sim uma utilidade ao usarmos o método indutivo, isto é, uma vantagem epistemológica; pois, como método científico ele possibilita universalização. No direito, por exemplo, a indagação científica se usa nas três fases da elaboração jurídica, a saber, na pré-legislativa (ou doutrinária), na legislativa e na pós-legislativa (ou exegética), sendo fortes as razões para crer que a indução é um método científico fundamental nesta importante área de conhecimento. (MIRANDA, 1996, p. 8, 40)

g) Dedução.

Também durante a observação, somos capazes de relacionar as proposições, os fatos e fenômenos usando processos dedutivos. A ciência constitui-se assim num "conjunto de proposições e enunciados, hierarquicamente correlacionados, de maneira ascendente ou descendente, indo gradativamente de fatos particulares para os gerais e vice-versa (conexão ascendente = indução; conexão descendente = dedução), comprovado (com a certeza de serem fundamentados) pela pesquisa empírica (submetido à verificação)". (LAKATOS, 1995, p. 21)

Dá-se a dedução em duas formas, analítica e formal ou silogística. Assim, através da dedução transformam-se em particulares os enunciados complexos ou universais. O método consiste em uma operação lógica pela qual o raciocínio simples pode chegar a enunciados complexos. (OLIVEIRA, 1999, p. 62)

Na pesquisa jurídica em geral e comparada em particular, tanto a análise e a indução como a síntese e a dedução permitem derivar das normas os conceitos e os conceitos das normas. "A análise, a síntese, a classificação e a definição constituem outros tantos processos de disciplina do raciocínio, de organização e ordenação de idéias com o propósito de sistematizar a pesquisa da verdade" (GARCIA, *apud*, HENRIGUES, 1999, p. 29). Kelsen, por exemplo, ao explicar o sistema estático de normas destaca a operação dedutiva, significando que "é essencial apenas que as várias normas de qualquer sistema sejam deduzíveis da norma fundamental, assim como o particular é deduzível do geral e que, portanto, todas as normas particulares de tal sistema sejam obteníveis por meio de uma operação intelectual, a saber, pela inferência do particular a partir do geral". (KELSEN, 1998, p. 163-164)

Também Kelsen reconheceria que o fundamento de validade e o conteúdo de validez das normas dentro de um determinado sistema podem ser deduzidos da norma básica, cuja natureza, nesse sistema, é lógico-formal. Todavia, no sistema de normas de tipo dinâmico não se pode empregar a dedução, devido à sua grande mutabilidade, pois o conteúdo das normas desse sistema não pode ser deduzido pela via de um raciocínio lógico, da norma hipotética fundamental, que apenas se limita a conferir a uma autoridade da comunidade jurídica. Logo, no sistema normativo dinâmico aplica-se o método lógico-transcendental. (KELSEN, 1999, p. 121)

Há, contudo, uma boa razão para entender que o uso desses métodos tem lugar desde o momento em que o pesquisador estabelece o delineamento teórico da pesquisa, ou seja, formulação do problema, objeto, objetivo e hipóteses até a sua conclusão. Devemos observar que o processo indutivo e dedutivo admite premissas ou proposições certas. Qualquer premissa ou proposição incerta nos conduz a conclusões inapropriadas.

2.3.1.2 Métodos particulares

Como veremos na segunda parte do Compêndio, os métodos particulares são apenas os métodos gerais adaptados às diversas ciências e modificado conforme o objeto que estas estudam; e todos os processos de que elas se compõem são, em definitivo, outras tantas formas especiais de observação, análise, síntese, analogia, comparação, indução e dedução.

2.3.2 Técnicas

De acordo com Carnelutti, “se a ciência é a busca das regras, a técnica é aplicação destas. A primeira pertence ao campo do conhecimento, a segunda ao campo da ação” (CARNELUTTI, 2002, p.20). Portanto, definimos as técnicas como normas ou regras próprias de cada método, utilizadas de forma particular e de acordo com ações a serem executadas nas pesquisas.

Com frequência, como exemplos de técnicas, são referenciadas as seguintes:

a) A revisão de documento - Eis uma das técnicas objetivas e confiáveis que, para o caso das pesquisas jurídicas, serve de ferramenta na análise de expedientes judiciais, de cifras estatísticas e demais documentos utilizados na atividade judicial.

b) Questionário - Também chamado de instrumento que serve de orientação na coleta de informação, sobretudo em grande escala. Tal técnica serve de base para as entrevistas, baseadas em perguntas, elaboradas com o intuito de obter informações de especialistas e profissionais que atuam na área pesquisada. Em temas posteriores se analisam algumas regras válidas para a elaboração dos questionários.

c) Análise do processamento de dados - momento importante das pesquisas que se refere à realização de um conjunto de operações com as quais se codificam e registram as perguntas, para logo facilitar seu agrupamento e se chegar à construção de tabelas que serve de base para a generalização de resultados.

Neste último caso, codificamos e designamos números para as respostas incluídas no questionário o guia de entrevista, para logo, mediante a tabulação, determinar a frequência de repetição das respostas, derivando disso um resultado (dados). O registro se realiza de forma marginal ou de forma cruzada, se quisermos conhecer como se comporta ou distribui a população com respeito à quantidade, idade, lugar de trabalho, especialidade, etc.

Outro momento importante da pesquisa é a organização dos resultados obtidos com a observação. Após a aplicação das técnicas selecionadas, devemos necessariamente ordenar a informação obtida; aqui se utilizam determinadas tabelas ou gráficos, com seus respectivos títulos, fontes e dados, denominação das colunas, etc. Veja-se um exemplo de tabela com variáveis cruzadas nas transparências que correspondem ao presente tema.

2.3.3 Conclusões e generalizações científicas

Todo trabalho científico leva-nos a determinadas conclusões e/ou generalizações que se fazem depender do procedimento utilizado durante a pesquisa. Assim, ao estudarmos as legislações nacionais em face das estrangeiras, por exemplo, podem-se tirar valiosas conclusões que nos permitem compreender a integridade do direito. No entanto, as conclusões e generalizações científicas que derivam de nossas pesquisas podem ser caracterizadas da seguinte forma: a) teórico-qualitativas, ou b) empírico-quantitativas. Vejamos os seguintes exemplos:

A) Conclusões e generalizações teórico-qualitativas

Exemplo nº 1 – Conclusão resultante do estudo teórico-sistemático (estrutura e forma do Direito): unidade e validade normativa dentro de uma ordem jurídica.

A – (X) é uma norma jurídica vigente e aplicada dentro do Sistema de Direito Civil espanhol;

B – Ora, existe uma relação de subordinação e hierarquia jurídica entre (X) (norma jurídica inferior) e (Y) (norma jurídica superior);

C – Logo, (X) é uma norma jurídica válida dentro do Sistema de Direito Civil espanhol.

Exemplo nº 2 – Conclusão resultante do estudo teórico-sistemático (estrutura e forma do Direito): validade e critério de justiça dentro de uma ordem jurídica.

A – (Q) é uma norma jurídica que corresponde aos valores superiores ou finais da ordem jurídica (X);

B – Ora, (Z) é uma norma jurídica que corresponde aos valores superiores ou finais da ordem jurídica (X);

C – Logo, as normas jurídicas (Q) e (Z) são normas jurídicas justas dentro da ordem jurídica (X).

Exemplo nº 3 – Conclusão resultante do estudo teórico-normativo (conteúdo do Direito): coerência normativa dentro de uma ordem jurídica.

A – (E) e (F) são normas jurídicas válidas dentro da ordem jurídica (X);

B – Ora, nos textos (regras) correspondentes às normas jurídicas (E) e (F) se autoriza e se proíbe o mesmo ato jurídico;

C – Logo, (E) e (F) são normas jurídicas incoerentes.

Exemplo nº 4 – Conclusão resultante do estudo teórico-normativo (conteúdo e eficiência do Direito): sociologia e eficácia normativa dentro de uma ordem jurídica.

A – (G) é uma norma jurídica geralmente acatada (obedecida) pelos seus destinatários (cidadãos);

B – Ora, verificou-se a existência de uma sanção adequada para o caso do não-cumprimento da norma (G);

C – Logo, (G) é uma norma jurídica eficaz (eficácia social).

Exemplo nº 5 – Conclusão resultante do estudo teórico-normativo (conteúdo do Direito): aceitação e rejeição da pena de morte.

A – Nos sistemas de Direito (X), (Y) e (Z) rejeita-se a pena de morte;

B – Ora, (X), (Y) e (Z) representam quase todos os sistemas de Direito penais nacionais latino-americanos;

C – Logo, quase todos os sistemas de Direito penais nacionais da América Latina rejeitam a pena de morte.

Exemplo nº 6 – Conclusão resultante do estudo teórico-doutrinário (definição geral do contrato).

A – (J), (K), (L), (M) e (O) definem o contrato como sendo "*o acordo de vontades (...)*";

B – (J), (K), (L), (M) e (O) são considerados os autores (doutrinadores) brasileiros mais importantes;

C – Logo, a doutrina brasileira, em matéria de Direito Civil, considera que o contrato é (...).

Exemplo nº 7 – Conclusão resultante do estudo teórico-doutrinário (conceito do casamento).

A – Alguns autores consideram que o casamento é certamente um ato jurídico pelo qual (...);

B – Já, para outros, o casamento é um contrato do qual derivam (...);

C – Logo, o conceito moderno do casamento é muito polêmico, pois indistintamente considera-se que o casamento (...).

B) Conclusões e generalizações empírico-quantitativas.

Exemplo nº 8 – Conclusão resultante do estudo e caracterização das normas jurídicas.

A – Cerca de 70% das normas jurídicas do Código Civil (X), correspondentes ao regime das obrigações e dos contratos, são proibitivas;

B – Cerca de 30% das normas jurídicas do Código Civil (X), correspondentes ao regime das obrigações dos contratos, são permissivas;

C – Logo, do total (100%) das normas jurídicas do Código Civil (X) estudadas, cerca de 70% são normas jurídicas de mandato, isto é, normas que proíbem determinada conduta.

Exemplo nº 9 – Conclusão resultante do estudo e caracterização das normas jurídicas.

A – Cerca de 10% das normas jurídicas incluídas na Lei de Defesa dos Consumidores (X) são operativas;

B – Cerca de 5% das normas jurídicas incluídas na Lei de Defesa dos Consumidores (X) são programáticas;

C – Cerca de 15% das normas jurídicas incluídas na Lei de Defesa dos Consumidores (X) são permissivas;

D – Logo, do total das normas jurídicas da Lei de Defesa dos Consumidores (X), cerca de 70% são não proibitivas.

CAPÍTULO 3
PESQUISA CIENTÍFICA

"Organização, responsabilidade e humildade são qualidades básicas de um bom pesquisador. Cuidar da ordem e do sentido dos conceitos e proposições nos textos é ser consequente com o que pensamos".

Pablo Jiménez Serrano

3.1 O que é pesquisa científica?

A pesquisa científica é toda atividade voltada para a formação do conhecimento, desenvolvida para superar determinadas dificuldades que surgem no processo de conhecimento dos fenômenos, para explicar os fatos não conhecidos e para mostrar as limitações das velhas formas de explicação dos fatos já conhecidos. (IVANOVICH, 1988. p. 31)

Assim, a pesquisa científica é um processo de caráter criativo e inovador que pretende encontrar respostas a problemas da realidade social ou econômica. Esse processo se desenvolve necessariamente através de determinadas fases e tarefas e está orientada ao enriquecimento da ciência. Isto diferencia essencialmente a pesquisa de qualquer atividade teórica ou prática.

Um estudo é científico, afirma Umberto Eco (1999, p. 21-24), quando responde aos seguintes requisitos:

a) debruça-se sobre um objeto reconhecível e definido de tal maneira que seja reconhecível igualmente pelos outros.

b) deve dizer do objeto algo que ainda não foi dito ou rever sob uma óptica diferente o que já se disse.

c) deve ser útil aos demais.

d) deve fornecer elementos para a verificação e a contestação das hipóteses apresentadas e, portanto, para uma continuidade pública.

Em suma, a pesquisa científica é sempre uma parte necessária ao desempenho da humanidade, por querer o homem resolver os problemas próprios da vida, pela necessidade sempre incansável de conhecer e transformar a natureza, para assim poder satisfazer suas necessidades materiais e espirituais.

3.2 Por que surgem e onde se desenvolvem as pesquisas científicas?

A ciência em seu processo de evolução gera contradição interna que estimula seu próprio desenvolvimento e o surgimento de problemas científicos. Assim, as pesquisas científicas surgem pela necessidade que o homem tem de dar solução a seus problemas históricos, sociais, econômicos, etc., ou de conhecer a natureza para transformá-la e para colocá-la em função de seus próprios interesses.

A pesquisa científica, mesmo quando é realizada por conta própria, é uma atividade social ou mais precisamente cultural que utiliza meios conceituais e materiais elaborados por outros e, por sua vez, influi, mesmo discretamente, sobre a conduta social de outras pessoas. E assim, como as demais atividades sociais, a pesquisa científica ocorre em condições biológicas, econômicas, políticas e culturais. (BUNGE, 1989, p. 126)

No processo de pesquisa científica o sujeito (homem) se confronta com o objeto (meio) em um campo sociocultural complexo e historicamente determinado, onde o sujeito não é um indivíduo abstrato, fora do contexto em que vive e se desenvolve. Na verdade, o sujeito desenvolve a pesquisa a partir de sua localização em uma determinada situação cultural, ou melhor, de sua prática crítica, de suas possibilidades de comunicação, de suas capacidades para argumentar as coisas, de seus recursos culturais, do âmbito de liberdade das relações e valores morais.

Dessa forma, os fatores que condicionam o processo de pesquisa científica podem ser agrupados em objetivos e subjetivos. Os fatores objetivos têm a ver com todas as necessidades práticas da sociedade, próprias do desenvolvimento teórico e metodológico da ciência, os subjetivos se identificam com os interesses individuais ou de grupos, os quais sugerimos sejam não considerados predominantes no estudo científico; pois, são as necessidades sociais as que desempenham um papel determinante no desenvolvimento da ciência e as que estão condicionadas pela contradição que existe entre os avanços e o progresso social e os recursos científicos e técnicos de que essa sociedade dispõe, o que constitui um fator determinante para o surgimento do problema científico e para a execução da própria ciência.

3.3 Para que são desenvolvidas as pesquisas científicas?

As pesquisas científicas são realizadas para desenvolver as ciências. Através delas pretende-se encontrar respostas aos problemas teórico-práticos e se obtêm descobertas significativas que aumentam o conhecimento humano e enriquecem as ciências.

Por meio das pesquisas científicas procuramos: a) encontrar respostas científicas de acordo com as mudanças sociais, enriquecendo-se assim o conhecimento humano; e b) acrescentar qualidade de vida ao plano socioeconômico e cultural.

3.4 Qual é a orientação da pesquisa científica?

A orientação da pesquisa deve ser realizada levando em conta a relação lógica do processo, visando encontrar respostas para cada pergunta e uma explicação de cada tarefa ou ação que executamos. Dessa forma a pesquisa se dirige para resolver problemas através da construção e comprovação de hipóteses.

3.5 Quais são os resultados das pesquisas científicas?

O trabalho científico se ocupa de tratamento teórico de certos dados, obtidos e interpretados a partir de fatos ou fenômenos. Um conjunto de dados científicos pode ser obtido pela observação, por meio de experimentos planejados e, ainda, pela utilização de registros. Busca-se principalmente trabalhar esses dados para estabelecer as suas relações e regularidades. Ao se estabelecer uma relação entre um conjunto de dados, pode-se dizer que, em geral, encontra-se uma lei científica, que preferencialmente é explicitada numa linguagem matemática. As leis científicas são afirmações que descrevem o comportamento de um sistema e apresentam interpretações da natureza, através de modelos. Mas, nem todas as leis das ciências naturais podem ser expressas em linguagem matemática. Tal impossibilidade, no entanto, não diminui o valor dessas leis, nem lhes tira o *status* de leis científicas". (DELIZOICOV, 1997, p. 34-36)

3.6 A pesquisa como processo: estrutura interna e externa do processo de pesquisa

A pesquisa científica é um processo que se compõe de determinados momentos, fases ou etapas que devem ser dominadas, ou ao menos compreendidas, para se poder iniciar, desenvolver e concluir uma monografia ou tese. As etapas da pesquisa são consideradas como escalas que devem ser respeitadas pelo pesquisador no decorrer de todo o trabalho científico. O processo consiste no aparecimento contínuo de um número de atividades interdependentes, a primeira determinando, em boa parte, a natureza da última e não levar em consideração esta interdependência pode resultar no surgimento de sérias dificuldades que impossibilitariam a conclusão do estudo (SELLTIZ, 1965, p. 24). As etapas também são consideradas momentos especiais da pesquisa, daí não ser prudente violar nenhuma delas.

Toda pesquisa começa com a captação de uma situação problema e a formulação de um problema científico pelo pesquisador, tudo isso com o auxílio de uma revisão teórica prévia. Assim, para a solução de problemas o pesquisador se propõe um ou vários objetivos e, de acordo com o tipo de pesquisa, começa a estruturar um projeto onde se inclui, entre outros elementos, o tema, a justificativa e o cronograma, evitando assim repetições desnecessárias de ações.

3.6.1 A problemática científica (ou situação-problema)

A pesquisa começa com a observação dos fenômenos encontrados em uma área particular que nos interessa especificamente. Esta observação nos permite verificar a existência de problemas sociais (problemática social), sobre os quais formularemos perguntas que logo serão traduzidas em um problema científico, baseado em aspectos desconhecidos por todos em um dado momento.

Antes de projetar uma pesquisa, é preciso definir claramente a situação problema que estimula o estudo. Assim, se exige ter consciência da problemática específica relacionada ao tema delineado, o que permitirá definir hipóteses, conceitos e, de acordo com o tipo de pesquisa, escolher os métodos por meio dos quais se orientará todo o trabalho.

A problemática científica, isto é, a situação problema de todo estudo jurídico está referida ao conjunto de questões que motivam o pesquisador, ou seja, as necessidades do sujeito (pesquisador) motivadas por um objeto (sistema, institutos, normas, teorias ou doutrinas jurídicas). Assim, a problemática científica poderá ser vista como o fato, situação ou fenômeno que dá início e estimula o estudo dos elementos comuns que presidem as legislações nacionais e estrangeiras, com o objetivo de facilitar o aperfeiçoamento e aproximação progressiva dos direitos nacionais. Assim, por exemplo, poder-se-iam suscitar, entre outras, as seguintes necessidades:

1. Examinar a natureza e evolução das instituições do Direito;
2. Determinar a analogia entre os diferentes sistemas e institutos jurídicos;

3. Aprofundar-se na história e na filosofia jurídica;

4. Revelar a teoria do Direito e confrontar os conceitos, terminologia, classificações e interpretações jurídicas vigentes.

Ao começar a pesquisa, o primeiro passo é planejar uma séria revisão literária, para a qual se recomenda a consulta a peritos (especialistas) e centros de informação científica, que orientarão o trabalho posterior com as diferentes fontes como literaturas, vídeos, documentos e outros materiais de diversas origens. A pesquisa da literatura nos permitirá conhecer se contamos com uma teoria científica capaz de descrever ou explicar a problemática científica pesquisada ou se existem várias teorias ou generalizações empíricas já demonstradas e aplicáveis ao problema, não requerendo, portanto, a elaboração de um novo modelo teórico. Por outro lado, se detectamos que o marco teórico existente é insuficiente, isto é, não contamos com teorias que se refiram à problemática estudada, será necessária a construção de uma nova teoria por meio da qual se caracterize, explique e resolva tal problemática.

3.6.2 Problema científico: formulação do problema (justificativa)

O problema científico, o "por quê?" da pesquisa, pode ser considerado como aquela questão levantada, depois de ter-se constatado e examinado uma dada situação problema com o intuito de ser abordada (estudada) e resolvida. Assim, a formulação do problema científico terá como base uma dificuldade plenamente observada e analisada, que motiva o desenvolvimento da pesquisa.

A formulação do problema científico parte da análise das dificuldades observada numa dada realidade, através da observação ou dos chamados estudos exploratórios. Durante a formulação do problema científico deve ser observado o nexo existente entre a área de conhecimento – o assunto – o tema – o objeto – os objetivos e o campo de ação da pesquisa. Isto porque podemos captar uma problemática científica e formular um problema estudando outras áreas de pesquisa ou assuntos já abordados por outros pesquisadores. Portanto, recomenda-se que, antes da formulação do problema, o pesquisador faça um estudo das pesquisas mais importantes já realizadas na área de seu interesse. Esse estudo indicará os problemas que ainda estão por serem abordados, apresentando teorias e técnicas suficientemente comprovadas em outras partes do mundo. Uma das técnicas que mais se utiliza nestes momentos para uma informação representativa é a consulta a especialistas do ramo, pois eles abarcam algumas áreas importantes da pesquisa que não foram suficientemente investigadas. (PARDIÑA, 1971, p. 126)

Assim, a formulação de um problema científico consiste em expressar, com clareza, a problemática (situação problema) com a qual nos deparamos e que objetivamente desejamos resolver. Para a formulação de um problema científico-jurídico, por exemplo, é mister considerar todas as dúvidas surgidas da observação da realidade jurídica, selecionando assim aquelas questões que tenham verdadeira importância científica, atualidade e ineditismo. Portanto, há uma boa razão para observar as seguintes regras:

1. Exame dos fatos não explicados pelas teorias já existentes.

2. Análise e avaliação de idéias e métodos para resolver os problemas propostos, levando em conta os novos fatos e premissas teóricas existentes.

3. Determinação do tipo de solução aplicada ao problema e de sua finalidade e vínculo com outros problemas.

4. Descrição e interpretação preliminar do problema. Depois de esclarecer os fatos necessários, premissas teóricas, tipo de solução e objetivo do problema, se tornará possível descrevê-lo, para abordá-lo com maior exatidão, com a ajuda dos conceitos e juízos já elaborados pela ciência. (IVANOVICH, 1990, p. 40-42)

A formulação do problema científico deve ser precisa, indicando-se seu *objeto* (aspecto da realidade jurídica que deve ser estudado), seu *âmbito territorial* e o *tempo* ou *período* em que se desenvolve a pesquisa. Igualmente, ao se formular o problema científico deve-se observar objetivos, visando responder a uma necessidade concreta e contribuir para um novo conhecimento, indicando os aspectos particulares que interessam ao pesquisador. Os termos incluídos na formulação do problema científico comparativo devem permitir a busca dos dados necessários para sua solução.

Da mesma maneira, o problema deve reunir os seguintes requisitos:

a) *Objetividade*: expressão de um desconhecimento. A solução do problema deve trazer como resultado o aparecimento de um novo conhecimento, deve responder às necessidades reais da economia e da sociedade; por isso, é certo que "o nível das investigações científicas se mede pela atualidade e ineditismo dos problemas". (IVANOVICH, 1990, p. 31)

b) *Especificidade*: não deve ser geral, deve ser destacado tanto o aspecto central (objeto) como os seus aspectos particulares que nos interessam (campo de ação da pesquisa).

c) *Contraste empírico*: os incluídos na formulação do problema devem permitir a coleta e estudo dos dados necessários para sua solução.

O problema científico poderá ser formulado em forma de pergunta ou em forma de objetivo, não devendo ser extenso, complexo nem ambicioso. A forma de pergunta poder ser considerado, por exemplo, a seguinte: *qual o grau de influência das instituições jurídicas civis espanholas na conformação do Direito Civil dos países latino-americanos?* Já, a segunda forma implicaria: a) *uma descrição*, caracterizando situações, condições, fenômenos ou processos, por exemplo, "*a determinação das legislações mais propensas à codificação latino-americana*"; ou b) *uma relação de causalidade*, que procura as causas, circunstâncias ou relação de determinadas ocorrências ou situações jurídicas, por exemplo, "*as condições das quais depende a eficácia do processo de unificação do direito latino-americano*", "*circunstâncias que influem na aproximação legislativa*", etc.

3.6.3 Objeto

O objeto, o "quê?" da pesquisa, representa aquela parte da realidade jurídica sobre a qual desenvolve-se o processo. Assim sendo, o objeto se refere à realidade sobre a qual atua o pesquisador. O termo objeto, afirma Umberto Eco (1999, p. 21-22), não tem necessariamente um significado físico. Uma classe social, por exemplo, é um objeto de estudo, ainda que algumas pessoas possam objetar que só se conhecem indivíduos ou médias estatísticas e não classes propriamente ditas. Definir o objeto significa então definir as condições sob as quais podemos falar, com base em certas regras que estabelecemos ou que outros estabelecem antes de nós.

Para Hans Kelsen (1995, p. 79), por exemplo, podem ser objeto de valoração jurídica as declarações ou comportamentos que se desenvolvem no círculo social, disciplinado pelo Direito, dotados de relevância jurídica, segundo as normas em vigor. Entretanto, no contexto da pesquisa jurídica, poderá ser designado como objeto aquela parte formal (estrutural) de uma ordem ou sistema jurídico, o conteúdo das legislações (institutos– famílias jurídicas, normas e regras), teorias e doutrinas, ou seja, conceitos, terminologias, classificações, interpretações, correlações e generalizações jurídicas.

3.6.4 Objetivos

Os objetivos, isto é, o "para quê?" da pesquisa, são as pretensões, os propósitos ou finalidades almejadas pelo pesquisador com o seu desenvolvimento. Os objetivos orientam o processo de pesquisa, pois servem para estabelecer o caminho a seguir durante o seu desenvolvimento. Os objetivos estão estreitamente ligados ao problema científico e às hipóteses e, portanto, facilitam o estabelecimento da relação de correspondência lógica entre o estudo (conteúdo), a conclusão e as recomendações das pesquisas. Eles devem ser expressos de maneira afirmativa, já que representam o resultado a ser alcançado com a solução do problema.

Resumindo, o problema científico representa uma necessidade observada na problemática jurídica, que motiva o desenvolvimento da pesquisa. O objeto é aquela parte da realidade jurídica sobre a qual recai a comparação e, finalmente, os objetivos representam as finalidades almejadas pelo pesquisador. A relação que existe entre o problema científico e os objetivos nos leva, primeiro, a precisar o campo de ação da pesquisa e, depois, às hipóteses. Tal relação é considerada como obrigatória, pois garante o lógico e coerente vínculo que deverá existir entre a realidade objetiva (realidade jurídica) e o processo de pesquisa. Para melhor compreender tal relação, propomos a análise dos seguintes exemplos:

Caso n.º 1

a) Problema: "Influência do Direito Civil espanhol sobre a conformação do Direito Civil dos países latino-americanos".

b) Objeto: "Sistema de Direito Civil espanhol e sistema de Direito Civil de cada país latino-americano".

c) Campo de ação: "Evolução histórica e normativa do Direito Civil espanhol e do Direito Civil de cada país latino-americano".

d) Objetivo: "Examinar a natureza e evolução do Direito Civil espanhol para determinar o grau de influência de suas instituições na conformação do sistema de Direito Civil de cada país latino-americano".

Caso n.º 2

a) Problema: "Quais são as instituições jurídicas civis mais propensas à unificação legislativa centro-americana?";

b) Objeto: "Legislações civis de cada país centro-americano";

c) Campo de ação: "Normas jurídicas correspondentes à legislação civil de cada país centro-americano";

d) Objetivos: "Examinar e caracterizar as instituições jurídicas civis de cada país centro-americano, para poder determinar quais são as mais propensas à unificação legislativa centro-americana".

Caso n.º 3

a) Problema: "Quais são os ramos de Direito mais propensos à aproximação e codificação legislativa sul-americana"?;

b) Objeto: "Direitos nacionais dos países sul-americanos";

c) Campo de ação: "Normas jurídicas de cada Direito nacional sul-americano";

d) Objetivo: "Avaliar as condições e probabilidades da aproximação dos direitos nacionais de cada país sul-americano e determinar os ramos mais propensos à codificação legislativa".

Caso n.º 4

a) Problema: "Correspondência e analogia existentes entre as normas jurídicas penais dos diferentes direitos nacionais latino-americanos";

b) Objeto: "Legislações penais dos países da América Latina";

c) Campo de ação: "Normas jurídicas de cada legislação penal latino-americana";

d) Objetivos: "Determinar o grau de correspondência e analogia existentes entre as normas jurídicas penais dos diferentes direitos nacionais latino-americanos".

Até aqui analisamos a formulação do problema científico e sua relação com o objeto, campo de ação e objetivos da pesquisa comparativa. Nas seções sucessivas propomos a análise da relação existente entre outros importantes conceitos metodológicos, a saber, hipóteses, variáveis, conceitos e definições.

3.6.5 Hipóteses

Todo processo de pesquisa se desenvolve sob uma orientação teórica. Para tanto, o pesquisador procura construir proposições hipotéticas que funcionem como respostas tentativas (ou provisórias) dos problemas científicos já delineados. Contudo, as hipóteses são proposições testáveis que podem vir a ser a solução de um problema científico. Nesse sentido, as hipóteses mostram-se como explicações das razões pelas quais existe o problema ou a situação problema que estimula a pesquisa.

A formulação das hipóteses deve partir da análise prévia do problema científico e, por isso, ela também deve ser o resultado de um trabalho exploratório (revisão bibliográfica) que representará o primeiro passo dado para alcançar o conhecimento. A hipótese, nesta perspectiva, poderá ser vista como "o elo necessário entre a teoria e a pesquisa, que leva ao descobrimento de novas contribuições para o saber". (GOODE, 1971, p. 76)

3.6.5.1 Formulação das hipóteses

Uma hipótese bem formulada é aquela elaborada com clareza. Ela deve ser de fácil compreensão e comprovação. Uma hipótese mal formulada é aquela onde se utilizam termos obscuros, vagos ou ambíguos. Entenda-se, portanto, que as hipóteses devem ser conceitualmente claras, com referências empíricas, específicas e devem estar relacionadas com técnicas disponíveis e com um corpo de teorias (GOODE, 1971, p. 89-95). Assim, como regra geral, a formulação das hipóteses deve permitir a sua comprovação.

3.6.5.2 Função das hipóteses

Toda hipótese indica o que estamos buscando (GOODE, 1971, p. 75-76). Por isso mesmo, elas funcionam como "janelas" que abrimos ao conhecimento, orientando a pesquisa e ajudando a determinar os métodos, procedimentos e as técnicas a serem empregadas para comprovar a veracidade de um dado modelo teórico.

Nas pesquisas científicas a hipótese tem como função principal propor explicações para certos fatos e ao mesmo tempo orientar a busca de outras informações (OLIVEIRA, 1999, p. 156). Desta forma, o fim de todo processo de pesquisa científica será o teste (comprovação ou rejeição) de hipóteses ligadas estritamente ao problema e aos objetivos propostos.

Em suma, toda e quaisquer hipóteses deve ter como funções essenciais: a) dirigir a pesquisa com o fim de determinar as causas prováveis dos fenômenos que se investigam; b) facilitar a coleta, interpretação e generalização dos dados com o objetivo de propor soluções para o problema estudado.

3.6.5.3 Estrutura das hipóteses

Do ponto de vista estrutural as hipóteses contêm os seguintes componentes:

a) uma unidade de observação, conjunto de objetos (fenômenos ou fatos, sistemas de direito nacionais, isto é, legislações, instituições, normas jurídicas; doutrinas, ou seja, teorias, conceitos, opiniões, classificações, modelos jurídicos, etc.) sobre os quais versa a pesquisa;

b) variáveis, aspectos ou características quantitativas ou qualitativas, analisadas nas unidades de observação;

c) termos lógicos, com os quais relacionamos as unidades de observação com as variáveis, ou a estas últimas entre si.

Assim, as hipóteses podem ser formuladas da seguinte maneira: a) ligando a unidade de observação a uma variável (hipóteses univariáveis); ou b) estabelecendo uma relação de dependência ou causalidade entre duas ou mais variáveis (hipóteses multivariadas).

3.6.5.4 Tipos de hipóteses

De acordo com as formas de elaboração, se observam diversos tipos de hipótese. Entre as mais importantes, podemos dizer que algumas se relacionam à *descrição* (hipóteses descritivas) ou à *causalidade* (hipóteses causais). As primeiras refletem o comportamento de uma variável em face de uma unidade de observação, por exemplo: "*a norma constitucional X é ineficaz*". As segundas se ligam à explicação causal de um fenômeno, exemplo: "*o desemprego é a causa direta da criminalidade*". Aqui geralmente se estabelece uma estreita e inevitável relação de dependência entre todas as variáveis incluídas na hipótese. Nessa perspectiva, urge a observação dos seguintes exemplos:

a) Hipótese descritiva, exemplos: a1) "*os tribunais civis conhecem um maior número de conflitos em matéria de Direito de Família*"; a2) "*nas relações jurídicas de família existem maiores conflitos que noutras relações civis*".

b) Hipótese causal, exemplos: b1) "*o vírus AD-36 é causador da obesidade*"; b2) "*a alimentação inadequada engendra criminalidade*".

3.6.6 Variáveis

Como componentes das hipóteses as variáveis podem ser definidas como sendo os aspectos concretos que serão objeto de análise dentro das unidades de observação. As variáveis são verdadeiros conceitos que representam e integram características quantitativas ou qualitativas dos objetos ou fenômenos e que permitem sua relação com a realidade empírica. Elas se indicam por meio de termos que representativos de qualidades, por exemplo, justo, eficaz, completude, coerência, validade, eficiência ou que podem ser medidos ou substituídos por diferentes valores numéricos, tais como, a idade, o estado civil, classe social, estatura, peso, nível de escolaridade ou religião. É a partir das propriedades das variáveis que se escolhe o instrumento para a coleta de dados, a fim de se obterem informações necessárias para alcançar os objetivos propostos com a pesquisa e para se comprovarem as hipóteses formuladas.

Dentro das hipóteses as variáveis estão relacionadas conforme a sua formulação, ocupando uma posição *independente* ou *dependente*. As variáveis *independentes* existem de forma natural, sem depender de outras, exemplos: a) "a pontualidade dos alunos de primeiro ano do curso de Turismo da *Universidade X* é maior do que a do primeiro ano do curso de Direito"; b) "os adolescentes que praticam esportes têm menor interesse para o estudo". As variáveis dependentes são consequências das variáveis independentes, fenômenos ou situações, por exemplo: a) "o *nascimento de uma pessoa viva* gera *personalidade jurídica*". Observe-se que a variável *personalidade jurídica* é resultado do *nascimento de pessoa*; b) "o *desemprego* origina a *informalidade econômica*". Nesse caso se apresenta *o desemprego* como possível causa da *informalidade econômica.* Note-se que a comprovação da existência de uma relação dependente entre as variáveis é em muitos casos o objetivo do pesquisador.

3.6.7 Os conceitos operacionais

Em toda e qualquer ciência se trabalha com conceitos. Os conceitos geralmente são vistos como abstrações obtidas dos fenômenos ou acontecimentos observados. Assim, como acentua Carnelutti, "no campo do trabalho intelectual, a matéria-prima são os *fenômenos* e o produto são os conceitos" (CARNELUTTI, 2002, p. 18). Certamente, a única maneira de organizar e relacionar (confrontar) os dados de forma a perceber as relações entre eles é fazendo uso de conceitos.

Os conceitos são elementos basilares do trabalho científico. Os estudos jurídicos, especificamente, se desenvolvem sobre contextos quer teórico quer normativo que estão organizados por meio de uma estrutura de conceitos e proposições que guardam relação com os processos e objetos principais que se estudam. Daí que sejam as relações entre esses conceitos e proposições as que figuram os fatos da ciência. Tais construções constituem o vocabulário especializado que o homem de ciência emprega.

3.6.7.1 Limitações na formulação de conceitos

Existem certas limitações na formulação dos conceitos, com as quais devemos ser cuidadosos. É bom destacar que os conceitos nem sempre resultam claros, isto é, nem sempre estão corretamente expostos. De fato, o estabelecimento de um sistema de conceitos pode ser considerado similar à formação de uma linguagem nova surgida de uma experiência compartida. Porém, pode acontecer que o mesmo conceito pode se referir a fenômenos, isto é, pode significar várias coisas. Assim, por exemplo, "direito", de acordo com o contexto, poderá significar "norma", "faculdade", "ciência" ou "garantia", "contrato" pode significar "acordo", "ato", "pacto" ou "documento".

Por outro lado, conceitos distintos podem se referir a um mesmo assunto. Por exemplo, "instituto jurídico" e "instituição jurídica", por um lado, e "sistemas", "ordem" ou "ordenamento" por outro são muitas vezes utilizados como sinônimos. Também, os conceitos "norma" e "regra" se usam indistintamente e ainda o conceito de "ramo" (de direito) é utilizado para significar as "famílias". Note-se também que ora usamos a palavra "estudo" para nos referirmos à "pesquisa" ou à "investigação" científica. Daí que os conceitos, símbolos de comunicação científica, ensina Alfonso Ferrari Trujillo (TRUJILLO, 1982, p. 96-97), podem ser objeto de inconsistências o que decorre, muitas vezes, do desconhecimento de todos os componentes, elementos ou dimensões do conceito e mais obviamente quando se trata da especificação do conceito. A limitação no emprego dos conceitos se agrava quando: 1) é traduzido para outra língua, porque não existem em todas as línguas os mesmos termos para compartilhar as mesmas experiências; 2) um mesmo conceito pode significar coisas diferentes quando são colocadas em sistemas de referência diversos, como no caso do conceito "cultura" (totalidade da herança social) que tem nas ciências sociais significado diverso daquele empregado de modo popular e que pode significar "refinamento artístico ou intelectual", ou ainda "pessoa que tem boas maneiras", etc.; 3) dentro de uma mesma disciplina o conceito recebe vários significados, isto porque pode referir-se a fenômenos diferentes ou a um mesmo fenômeno que no seu desenvolvimento histórico vem incorporando novos significados, como no caso do termo "sistema" no campo das ciências sociais; 4) diversos termos podem se referir ao mesmo fenômeno, não obstante não se admitirem sinônimos na ciência; assim, por exemplo, alguns tratadistas utilizam indiferentemente os termos "uso", "utilidade", "propósito", "motivo", "intenção", "finalidade" como sinônimo de "função".

Em princípio, o pesquisador escolhe seus conceitos por razões científicas, literárias ou históricas, mas perante essa preferência pensar-se-ia nas definições e denominações.

3.6.7.2 As definições

Ao usarmos conceitos devemos precisar suas definições, determinando assim as possíveis denominações que formam parte de um dado embasamento teórico, por exemplo: a) conceito - "contrato"; b) denominação - "contrato de serviço".

A definição é um passo importante para a configuração dos indicadores e a escolha dos métodos. O procedimento consiste em definir, inclusive, as categorias mais usadas, para imediatamente poder compará-las com os fatos ou pressupostos que refletem. Definir validamente um conceito significa indicar a classe geral e a subclasse de fenômenos a que esse termo efetivamente pertence. Tanto a classe como as subclasses devem estar relacionadas e tão próximas quanto possível do significado do termo usado (PARDIÑAS, 1971, p. 42). As definições devem possibilitar a distinção de um objeto de outro.

A definição, portanto, consiste no uso de palavras que dão a idéia de uma coisa, fatos ou assunto. Como também ensina Alfonso Ferrari Trujillo (1982, p. 97) por meio delas a realidade existencial adquire uma estrutura abstrata sistemática, podendo-se descrever, explicar, reconstruir, prever, descobrir e, ainda, "comparar" novas áreas da realidade. Neste sentido, e seguindo os ensinamentos do citado autor, considera-se existir várias formas de definições, a saber:

1. *Definição descritiva*, por meio das quais descrevem-se os aspectos de emprego consagrado de um termo.

2. *Definição estipulativa*, que introduz uma expressão ao ser empregada em certo sentido específico, num determinado contexto, de uma teoria ou de algo semelhante.

3. *Definição nominal*, que consiste na sugestão para se nomear um fenômeno numa forma tal que não tenha implicações de qualquer coisa acerca das proposições científicas relacionadas a este fenômeno.

4. *Definição real*, que trata dos atributos essenciais de uma entidade, fato ou fenômeno.

5. *Definição operacional*, concebida como a especificação de um procedimento para determinar o valor numérico de uma dada quantidade de casos particulares.

No direito, por exemplo, as definições são extremamente necessárias para poder compreender e demonstrar a existência dos problemas. Por meio dos conceitos jurídicos traduzimos em aspectos mensuráveis os dados a serem coletados para comprovação de uma hipótese. Veja-se que no direito, por meio de conceitos, se constroem e sistematizam proposições que acabam facilitando: a) a definição legal, por exemplo, dos bens, serviços, atos e relações jurídicas etc.

3.7 Etapas da pesquisa científica

A leitura interna e externa do processo de pesquisa (ver transparências do tema) nos permite cronologicamente projetar as pesquisas levando em conta as seguintes etapas:

1. *Caracterização*, etapa descritiva na qual determinamos as características e qualidades do fenômeno objeto do estudo: conceitualizamos, denominamos, definimos, descrevemos, classificamos, enunciamos, fundamentamos (justificamos) a existência de uma dada situação problema e de um objeto de estudo.

2. *Explicação*, etapa explicativa onde estabelecemos uma relação entre o objeto de estudo e um dado contexto teórico, histórico ou normativo: analisamos, confrontamos, comparamos, constatamos, criticamos, aprovamos, rejeitamos etc.

3. *Resolução*, etapa de solução do problema estudado na qual avaliamos, concluímos, retificamos, propomos ou recomendamos uma solução para o problema estudado.

O pesquisador, na primeira etapa, se dedica ao estudo do problema observando seus diferentes níveis, a saber, teórico ou fenomenológico. Nesta fase poderão ser desenvolvidas as seguintes tarefas ou ações:

a) Determinar e formular o problema, objeto e objetivos, através da observação, realização de entrevistas etc.;

b) Determinar o marco contextual da pesquisa;

c) Diagnosticar o objeto da pesquisa.

Um momento significativo para o início de uma investigação, próprio da primeira etapa, é a determinação do "por quê?" da pesquisa científica, pois, como vimos em aulas anteriores, qualquer trabalho científico deve estar orientado para a solução de problemas científicos. Por isso, a primeira característica do processo de investigação científica, como bem nos ensina Virginia Sierra (SIERRA, 1995), deve ser o conceito (delimitação) do problema científico. Em segundo lugar deve-se definir o objeto da pesquisa, isto é, o "o quê?" da pesquisa, que representa a parte da realidade objetiva sobre a qual o pesquisador atua, tanto do ponto de vista prático como teórico, com vistas à solução do problema proposto. Aqui devem ficar claras as qualidades do objeto e o caminho a ser seguido para que se possam analisar estas qualidades, nas quais as definições operacionais desempenham um papel fundamental. Em terceiro lugar, deve-se definir o "para quê?" da pesquisa científica, através dos objetivos.

Outro aspecto a ser levado em conta, nesta primeira etapa da pesquisa científica, é a definição do objeto do estudo, ou seja, o chamado campo de ação ou matéria de estudo. O campo de ação é um conceito mais estreito do que o objeto, pois certamente é uma parte deste último. Finalmente, como também aconselha Virginia Sierra, deve-se verificar a relação entre o "por quê?", o "o quê?" e o "para quê?", já que o objetivo desvinculado do problema resulta indeterminado; por sua vez, o problema sem objetivo não gera pesquisa; e quando ele é delineado, sem se levar em conta o objeto, perde-se o conteúdo a ser pesquisado, isto é, a própria pesquisa. Da mesma forma, na primeira etapa da pesquisa científica deve-se elaborar o marco teórico, que corresponde ao estudo e sistematização das teorias precedentes, que constituem ponto de partida para o estudo do problema a ser pesquisado. A elaboração do marco teórico, diz a citada autora, começa no mesmo momento em que se formula o problema, quando então é necessário conhecer seus antecedentes teóricos, para se determinar se o problema tem caráter científico ou não. Assim, propomos as diferentes funções do marco teórico:

a) ajudar a definir o problema a ser pesquisado;

b) evitar um caminho errado no processo de pesquisa;

c) contribuir para o estabelecimento de um modelo teórico e uma hipótese de trabalho;

d) dar luz ao estudo de novos problemas de pesquisa.

A elaboração do marco teórico consiste de duas etapas no processo de pesquisa, a saber: 1) a revisão da literatura, mediante a qual se consultam, extraem e coletam informações relevantes sobre o problema a ser pesquisado; 2) a sistematização das teorias existentes. Desta maneira, consideramos que um bom marco teórico é aquele que contribui para formar uma teoria científica, com a qual se explica o problema e na qual se relacionam, de uma forma lógica, profunda e coerente, os conceitos gerados por estudos anteriores. Assim sendo, durante todo o processo de pesquisa científica nós usamos de um conhecimento anterior e necessário para o qual reservamos um critério de utilidade.

CAPÍTULO 4
A CIÊNCIA DO DIREITO

"Conhecer o direito estrangeiro para melhor conhecer o nosso próprio direito. Também as pesquisas jurídicas precisam de um fundamento: de uma justificação".

Pablo Jiménez Serrano

4.1 O conhecimento jurídico

Uma das preocupações do jurista hodierno é o fato da não existência de um consenso sobre a denominação, alcance, objeto e métodos da "ciência do direito". Sabe-se que para esta área de conhecimento se designam realidades conexas, reservando-se a aplicação do termo "direito" para significar um conjunto de "normas", uma "autorização" (faculdade), uma "qualidade do justo", etc. Noutro sentido, costuma-se caracterizar o direito como uma ciência interpretativa, isto é, como uma ciência que não se propõe a alcançar leis de validade universal. Mas se sabe igualmente que as interpretações também divergem, fazendo derivar a incerteza do conhecimento jurídico.

Ao direito como área de conhecimento humano se lhe atribuiu o caráter de ciência a partir da aceitação de sua sistematicidade. Foi no século XIX quando diversas correntes fizeram notar que o direito estudava um tipo específico de realidade não abordada por outras ciências. Porém nem todo jurista se aderiu a tal concepção. Quem aceita que o direito é uma ciência, geralmente admite a cientificidade do conhecimento jurídico, caso contrário tal conhecimento é considerado como meras suposições, hipóteses e interpretações que não conduz a nada.

4.4.1 Concepção científica do Direito

A respeito dos problemas que derivam da caracterização do direito como ciência, alguns mestres e, entre eles Maria Helena Diniz (1996, p. 1), faz elencar várias interrogantes, a saber:

1. O que é ciência jurídica?
2. Qual o seu objeto específico?

3. Qual o seu método?

4. A que tipo de ciência pertence?

5. Como se constitui e caracteriza o conhecimento do jurista?

6. Tem a ciência jurídica uma atitude teórica ou prática? Ou ambas ao mesmo tempo?

Contudo, a tal grupo de preocupações, ora me permito acrescentar outras não menos importantes:

7. Podemos trabalhar cientificamente com o direito?

8. Todo e qualquer trabalho jurídico é científico?

9. Se o direito não é uma ciência, para que pesquisar? Ou melhor, para que falar de trabalho científico-jurídico: monografias, dissertações e tese? Ou de eventos científicos: conferências, congressos, etc.?

Trata-se, pois, de um assunto complicado que se agrava ainda mais pela surpreendente pluralidade de concepções epistemológicas que pretendem dar uma visão diferente e muitas vezes divergente das chamadas ciências jurídicas. No entanto, alguns autores se arriscam a definir o direito como um conjunto de conhecimentos metodologicamente coordenados, resultantes de um estudo ordenado das normas jurídicas (DOURADO, 1998, p. 3). Outros, entre os quais nos incluímos, preferem afirmar que o direito, como área do conhecimento humano, se expressa em forma de proposições e teorias relacionadas com a prática, sendo o mesmo visto como parte de uma superestrutura (jurídica), que reflete um sistema de fenômenos socioeconômicos que procura definir, controlar e regular. Eis o que a partir de agora chamaremos de "ciência de teorias e práticas".

4.4.1.1 Direito como Ciência Social

O jurista, ao contrário do que acontece com os especialistas que operam noutras áreas de conhecimento, ainda nas chamadas ciências humanas, tem como vantagem aparente a de ter herdado da história determinadas contribuições teórico-metodológicas que ajudaram a consolidar o conhecimento jurídico. A respeito disso se fala de um movimento de secularização do Jusnaturalismo, constatado nos séculos XVII e XVIII, que criou as bases para um tipo de conhecimento que permitiria, no século XIX, a reformulação de um saber científico, isto é, saber sistematizado do fenômeno jurídico. Foi, portanto, nessa época, onde se destacou o empenho por mostrar o direito comum como um produto tipicamente humano e social.

O direito então considerado como uma das tantas ciências humanas ou sociais começou a ser definido como um sistema de conhecimentos que faz referência a uma dada realidade jurídica. Esta concepção, de acordo com Tércio Sampaio (1980, p. 9, 10), era, evidentemente, muito genérica e pressupunha uma série de discussões que se desenvolveram não só em torno da expressão *ciência jurídica* propriamente dita, mas também em torno do próprio termo ciência. No entanto, embora haja certo acordo em classificar a Ciência do Direito entre as ciências humanas, surgem aí debates entre as diversas epistemologias jurídicas sobre a existência ou não de uma ciência exclusiva do Direito, havendo aqueles que preferem vê-la como uma simples técnica ou arte, tomando a ciência propriamente dita do Direito como uma parte da Sociologia, ou da Psicologia, ou da História, ou da Etnologia, etc., ou de todas elas no seu conjunto.

O fato de considerar o Direito como uma ciência tem gerado inúmeras polêmicas. Talvez o que justifique o caráter de ciência seja a condição transformadora do conhecimento jurídico, que se expressa:

1. No desenvolvimento intelectual e no conhecimento científico de uma realidade especificamente jurídica (função puramente descritiva).

2. Na regulamentação objetiva das relações sociais (função puramente prescritiva).

3. Na avaliação da realidade, isto é, das relações observadas e/ou derivadas do fenômeno normativo e factual (função puramente valorativa).

Conclui-se, pois, que uma justificativa do caráter científico do conhecimento jurídico não só se baseia nas classificações, mas também nos resultados das pesquisas e teorias com as quais se enriquece e, com isso, se propõe a abordar seu objeto para ampliar o conhecimento jurídico e os conceitos da ciência.

4.4.2 Objeto do Direito

Conforme as correntes empiristas e histórica o objeto do Direito reside no fenômeno jurídico abordado ao longo da história. Neste sentido, as pesquisas jurídicas teriam como objeto a validade e vigência das normas em relação aos fatos sociais. A ciência jurídica, assim, se resumiria a um conjunto de conhecimento extraídos da realidade social.

Na obra de Kelsen (1995), por exemplo, verificamos a seguinte tese "na afirmação evidente de que objeto da ciência jurídica é o Direito, está contida a afirmação – menos evidente – de que são as normas jurídicas o objeto da ciência jurídica, e a conduta humana só o é na medida em que determinada nas normas jurídicas como pressuposto ou consequência, ou na medida em que constitui conteúdo de normas jurídicas". No entanto, como aqui será visto, consideramos que a expressão normativa do direito simplesmente é representativa da função, isto é, de uma única função, reguladora (ou prescritiva) das relações sociais (função puramente prescritiva).

4.4.2.1 Campos dos estudos jurídicos

Duas são as questões essenciais sempre presentes na Ciência Jurídica: 1) a procura da melhor forma de interpretar, pesquisar e construir teorias; e 2) a questão da regulamentação adequada das relações socioeconômicas. Ambas as questões marcham numa estreita correlação funcional. No entanto, notamos que o jurista hodierno demonstra um maior interesse pela dogmática e uma menor preferência pelas pesquisas.

a) Realidade jurídica e dimensões do direito.

A respeito deste assunto fazemos notar a importância de uma compreensão coerente da base epistemológica do conhecimento jurídico. O conhecimento jurídico, como todo conhecimento humano, tem como base uma realidade muito particular. A respeito da mesma admitimos que ela é uma complexidade de fenômenos e instituições que representamos por meio de conceitos e proposições. Daí que a abordagem dessa realidade implica o estudo (interpretação e pesquisa) de três importantes dimensões, a saber, *factual*, *normativa* e *valorativa*, sendo certo que da análise individualista de cada uma delas e a percepção do comércio existente entre elas se faz derivar todo e qualquer conhecimento jurídico.

Assim sendo, a realidade do Direito não está em nenhuma parte senão no todo e em sua unidade. Para ver o direito vivo há que subir o mais alto possível, onde o olho possa abarcar, quanto caiba, sua imensa realidade [...] há que se comparecer do cientista que, tendo sobre sua mesa um fragmento cortado do corpo do Direito para fazer sua análise, se ilude acreditando que aquele fragmento forma um Direito inteiro (CARNELUTTI, 2002, p. 51). Para melhor compreender tal argumento veja-se a figura nº 1, diagrama correspondente à transparência nº 1 do tema. Com base nesse diagrama podemos deduzir que:

A - Refere-se a uma dimensão factual representativa de um conjunto de fenômenos e situações que fazem derivar consequências jurídicas que afetam a duas ou mais pessoas ou, então, à sociedade toda. É comum identificar a dimensão factual com aquela determinada realidade sociocultural que conforma nossa forma de viver.

Para Pedro Demo (1983, p. 27), por exemplo, as realidades sociais circunscrevem-se às dimensões sociais, tanto aquelas que estão em nós quanto aquelas que nos circundam; fazendo parte delas igualmente nossas ideologias, representações mentais, símbolos, crenças e valores, bem como o comportamento externo e os condicionamentos circundantes de ordem social.

Porém, analisando a repercussão que para o direito tem a dimensão social, observamos que nem todo componente dessa realidade deve ser considerado componente da realidade jurídica. Sendo certo que a realidade jurídica abrange aquela parte da realidade social que tem uma evidente repercussão no Direito. Portanto, aqui chamaremos de dimensão factual a toda qualidade do que existe na realidade social, que produz efeitos no Direito. Abrange também a dimensão factual todo fenômeno natural que, ao afetar a duas ou mais pessoas, produz efeitos jurídicos. Tomem-se como exemplos os fenômenos naturais (fatos jurídicos involuntários) que geram consequências jurídicas, mas também os humanos (atos jurídicos voluntários lícitos, por meio dos quais se origina, modifica ou extingue uma relação jurídica, ou ilícitos para os quais se reserva uma sanção ou pena).

Compreender que para o direito efetivamente existe uma dimensão factual é aceitar que em cada parte constitutiva da realidade sócio-jurídica podemos observar os seguintes componentes:

a) Fenômenos dinâmicos: 1 Acontecimentos jurídicos involuntários, ou naturais, por exemplo: nascimento, morte, maioridade, causas telúricas, etc., e 2 Atos jurídicos voluntários, ou humanos, por exemplo: casamento, negócios jurídicos, contratos e testamentos;

b) Fenômenos estáticos: situações jurídicas derivadas dos fatos e atos jurídicos, que são constitutivas de direitos, faculdades, obrigações, abstenções, etc., (ex. ser credor, devedor, proprietário, consumidor, fornecedor, possuidor, herdeiro, etc.). Tais situações se afirmam como derivadas das mais diversas relações jurídicas e, portanto, como objeto de regulamentação das normas jurídicas.

De fato, se atribui um caráter social àqueles "fenômenos jurídicos" que se manifestam e repercutem na sociedade e engendram certos direitos (faculdade) e deveres (obrigações) entre os homens. Também é certo que a relação manifesta (voluntariamente) entre dois ou mais indivíduos não é o único tipo de relação social que existe, nem a mais importante para o direito, pois algumas relações jurídicas podem chegar a existir ainda que as pessoas não tomem conhecimento de suas causas, por exemplo: as relações derivadas da herança da qual não se tinha notícia, do nascimento e da morte de uma pessoa, de eventos naturais imprevisíveis, etc.

Assim, define-se o "fenômeno jurídico" como a transformação que opera numa dada realidade objetiva, seja derivada da natureza (fenômenos naturais involuntários) como da própria sociedade (fenômenos sociais voluntários). Ora, as transformações que operam no campo da natureza se contatam na matéria orgânica e inorgânica e têm como causa ou fator de produção os fatos naturais (ex. chuva, enchente).

Diferentemente, as transformações que operam na sociedade têm como causa ou fator fundamental de produção tanto a intervenção da natureza como a própria vontade humana. Assim, por exemplo, o nascimento e a enchente são vistos como fatos dependentes da natureza, já o contrato, o casamento e o crime são atos humanos que poderão ser qualificados de lícitos ou ilícitos.

B – Resulta da afirmação de que no processo legislativo o legislador não cria realidade alguma, pois ela já existe. Como criador do direito, o legislador se limita a excluir alguns pressupostos para considerar outros mais ou menos importantes. Assim, quando sanciona o direito de uma pessoa sobre uma coisa, indiretamente o faz partindo da organização de outras relações jurídicas, já que seu objetivo é ordenar o respeito do direito absoluto.

É assim que a cientificidade do fenômeno jurídico, com frequência, se faz recair no exame do complexo jurídico-social que é buscado e investigado na própria realidade sociocultural, sendo incontestável que um determinado sistema de norma deve-se corresponder com os problemas que uma dada sociedade vive. É neste sentido que a dimensão factual e a dimensão normativa existem num estreito e decisivo comércio.

Um estudo íntegro do ordenamento jurídico é aquele que nos permite constatar a existência de normas que, formando uma unidade, são representativas de uma realidade cambiante que, para poder ser ordenada, deverá ser dividida nos seguintes dois setores:

1. Aquele que está organizado e disciplinado pelo direito.

2. Aquele que o legislador não tem regulamentado, por não ser considerado necessário ou transcendente para o direito e a ordem social.

A respeito da dimensão normativa fala-se de um elemento nuclear, a norma, conceito para o qual inexiste um critério único.

Norma jurídica, segundo o ilustre jurista Fernando Diego Cañizares (1979, p. 109), é, pois, uma norma de conduta sociológica antes que uma mera expressão formal ou produto puramente lógico do direito, como estimam os juristas positivistas como Kelsen, que a concebem como uma mera construção racional desvinculada da vida social que lhe serve de conteúdo. Aqui, o citado autor atribui à norma o caráter de fenômeno próprio da vida social que entranha uma manifestação de conduta humana, a qual constitui seu objeto.

Outros autores, porém, admitem que a palavra "norma" pode ser empregada em dois sentidos: *lato sensu*, fazendo-se referência a toda regra de comportamento obrigatório ou não obrigatório e, no *stricto sensu*, para designar de forma exclusiva o princípio da ação cuja observância entranha um dever. Para Kelsen (1998, p. 51), por exemplo, "a norma é a expressão da idéia de que algo deve ocorrer e, em especial, de que um indivíduo deve se conduzir de certa maneira". É a caracterização técnica do que deve ocorrer num lugar e momento, caracterização que se vincula à razão, à lógica e à justiça.

Por sua vez, Norberto Bobbio (2001, p. 72- 74), do ponto de vista formal ensinaria que a norma jurídica é uma proposição prescritiva, isto é, conjunto de palavras e frases com sentido, formuladas com a finalidade de prescrever e ordenar o comportamento humano (condutas) e não de explicar ou demonstrar fatos ou relações entre fenômenos, função propriamente vista nas proposições enunciativas (explicativas) das quais se usam os estudos teóricos (históricos) ou científicos. Nesse passo, a norma jurídica acaba sendo um ideal de proteção das relações sociais e de solução de conflitos jurídicos.

Observe-se que o texto da lei é um complexo de palavras escritas com uma função específica, ou seja, prescrever, regulamentar, proibir, autorizar etc.; portanto, a norma jurídica pode, perfeitamente, ser definida como sendo todo tipo de proposição formulada em forma de regras que se destina à regulação do comportamento humano e que são estabelecidas nos diferentes corpos jurídicos com um caráter obrigatório pelo Estado.

Independentemente da falta de uniformidade dos conceitos, parece claro que todas as normas jurídicas pretendem buscar um interesse do tipo geral, sem prejuízo de que possa contemplar também interesses particulares, a respeito dos quais tratam de encontrar um ponto de equilíbrio (DIEZ-PICAZZO, 1995, p. 40). Toda legislação protege direitos (pessoais, reais), atos e relações jurídicas, através das normas jurídicas. As normas jurídicas regulam relações sociais, ou melhor, refletem uma realidade social. Assim, "o conteúdo da norma constitui, pois, uma relação de justiça. A norma que não envolva tal relação seguramente não pode pretender ser jurídica". (VASCONCELOS, 1978, 1978, p. 20-21)

Em suma, a dimensão normativa é ordenadora dos fatos que interessam a dois ou mais indivíduos e que, por ser objeto do direito, estão a ele submetidos. Daí que por meio de normas seja possível impor determinada consequência; em caso de não-cumprimento ou da não-observância da disposição.

Em "C" se verifica que tanto a dimensão factual como a normativa (e o comércio que existe entre elas) é fonte de valorações feitas num determinado contexto. Com um sentido valorativo (crítico) se fala da verdade, da falsidade ou da certeza de proposições descritivas ou, ainda, da justiça, da validade, da eficácia, da coerência, da eficiência, funcionalidade, etc., de proposições prescritivas (normas e sistemas jurídicos).

Afirma-se assim existir uma outra dimensão jurídica que, com uma finalidade crítica ou argumentativa, se refere à relação ou comércio que existe entre as já vistas dimensões factual e normativa.

Concebe-se a dimensão valorativa como sendo o conjunto de acepções, idéias ou noções que, num determinado contexto histórico, resultam da narração metódica das relações observadas num mundo conformado de fatos (eventos ou acontecimentos) e normas. Tais noções, idéias e acepções fazem referência à história do direito e geralmente se referem à origem, caráter, natureza, funções e finalidade desta importante área de conhecimento.

b) Campo teórico da Ciência do Direito.

Assim, o campo teórico do direito é conformado pelas diferentes e variadas teorias que se vinculam a uma ou a várias dimensões do direito. Tudo depende da preponderância, valor ou predomínio atribuído a tais dimensões. Vejam-se os seguintes casos.

Caso 1: Alguns contextos fechados atribuíram uma maior preponderância (valor ou predomínio) à dimensão normativa (formalismo jurídico). Isto foi decisivo para o surgimento e adoção do positivismo jurídico, com base na legislação. Daí várias teorias foram conhecidas: teorias normativas (teoria dogmática, teoria imperativa da norma, teoria pura do direito); teoria interpretativa, etc., das quais derivaram diferentes acepções, por meio das quais apresentou-se o direito como sendo "um conjunto de norma" (como uma ciência normativa), como uma faculdade de obrigar, como uma ciência interpretativa, como objeto das ciências jurídicas, etc.

Caso 2: Alguns autores atribuíram um maior valor ao direito vivo, isto é, o direito em ação (em movimento). Eis uma corrente positivista com base na aplicação da lei (jurisprudência dos interesses e realismo jurídico). Algumas outras teorias foram conhecidas, tais como, a teoria do direito livre, a teoria psicológica do direito, a teoria do direito como decisão, etc. O direito também passou a ser visto como uma arte de julgar ou como uma ciência dogmática (ou jurisprudência).

Caso 3: Outras concepções, atribuindo um maior predomínio à dimensão factual (componente fenomenológico do direito), deram ao direito um caráter sociológico; assim, fala-se de um positivismo de caráter sociológico (escola histórica e marxista do direito). Três teorias são conhecidas, a teoria estatalista do direito, a teoria institucionalista do direito e a teoria fenomenológica do direito. Nessa perspectiva o direito passou a ser definido como uma instituição, como um instrumento de poder (ou como a vontade da classe dominante erigida em lei), como uma forma de consciência social, como uma relação jurídica, como ideologia, como um fenômeno histórico, como fenômeno social, como uma ciência empírica, como um organismo objetivo da liberdade humana etc.

Caso 4: Algumas outras concepções atribuíram um maior valor à dimensão valorativa. Começou-se a falar de uma escola moralista e mais especificamente de um Direito Natural racional ao qual estava atrelado o chamado jusnaturalismo racionalista que identificaria o direito com a justiça.

Na diversidade de todas estas posições observa-se uma problemática difusa que, como acentua Karl Larenz (1983, p. 4), gravita em torno de conceitos, tais como, validade, positividade, normatividade, determinação ontológica, que incidem tanto nas atividades legislativas e jurisprudenciais como na doutrina e conformação do direito como ciência.

Aceitar uma ou outra acepção do direito implicaria reduzir a realidade jurídica a uma só dimensão. Assim, apoiando-nos nos ensinamentos de Fernando Aguillar (2003, p. 130), também reconhecemos que o positivismo normativista, por exemplo, ao admitir que o jurídico não é senão a norma posta pelo Estado, não estuda o fenômeno jurídico inteiramente. Os realistas, ao contrário, pretendendo estudar o direito tal como é de fato (e nesse sentido eles se proclamam antiformalistas), se propõem a estudá-lo sociológica e historicamente. Mas eles incorrem na mesma crítica.

É mister reconhecer o mérito de alguns autores (Norberto Bobbio e Miguel Reale) que muito têm feito pela orientação do conhecimento jurídico em uma só direção. Nesse empenho, destacamos o valor do brilhante trabalho de Miguel Reale que, com uma interessante visão tridimensional do objeto do Direito, conciliou e superou as intermináveis disputas de jusnaturalistas, historicistas, sociologistas e normativistas, surgidas devido à consideração monística e unilateral do direito. (DINIZ, 1988, p. 142)

De acordo com Miguel Reale, deve-se estudar o Direito na totalidade de seus elementos constitutivos, ou seja, fato, valor e norma. Como bem resumiria Tércio Sampaio Ferraz Júnior: "Foi nos quadros de umas mentalidades fortemente positivistas, evolucionistas e naturalistas que, em 1940, Miguel Reale publicou os seus Fundamentos do Direito, provocando uma grande mudança no panorama jusfilosófico brasileiro que se faria sentir, sobretudo após a Segunda Guerra [...]. Nestes termos, escreveria mais tarde, sob o prisma da norma, 'fato' quer dizer tanto um 'dado de natureza ou um acontecimento independente da vontade humana, como os eventos e realizações resultantes dela (os objetos histórico-culturais) inclusive os modelos jurídicos enquanto já positivados, isto é, já feitos pelo homem'. Se é verdade que as normas jurídicas se dirigem aos fatos, ao discipliná-los, Reale deixa entrever, no conceito de 'fato', uma 'nota de tipicidade' embrionária e de natureza axiológica, não sendo, portanto, algo que, em dado momento, passa a fazer parte do mundo jurídico, mas sim algo 'já dotado de sentido'. Ou seja, o fato ao qual se dirige a norma não ganha 'forma' apenas porque se torna conteúdo normativo (como em Kelsen, por exemplo), mas contém já alguma forma que não se reduz inteiramente à norma, isto é, é a percepção do valor. Esta acepção de fato permite, assim, a Miguel Reale, uma reinterpretação da estrutura da norma na sua referência à 'realidade'. A norma deixa de ser aí um *a priori,* dado antes do caso concreto, um 'esquema' ou 'medida' de validez da 'realidade', para ser um 'modelo funcional' que contém em si mesmo o 'fato', em outras palavras, que envolve em si, como componentes integrantes, intrínsecos e necessários, o momento situacional e sua carga valorativa" (FERRAZ Jr, 2001, p. 52- 57). Eis o esquema central do tridimensionalismo genérico ou específico que, aos efeitos metodológicos, poderia ser de grande utilidade.

De acordo com a teoria tridimensional do Direito o campo dos estudos jurídicos está interligado à organização jurídica (ordem e instituições jurídicas), à evolução legislativa e expressão teórico-doutrinária. Dessa forma, os estudos jurídicos poderão versar sobre a parte teórico-sistemática do direito; sistemas jurídicos, institutos, normas (sobre uma questão protegida e resolvida por regras jurídicas), sobre a crítica teórica e doutrinária, ou ainda, sobre determinados fenômenos que estão vinculados ao direito.

Resumindo, acreditamos que a bipolaridade do mundo jurídico, de fato, é causadora da uma diversidade de teorias e acepções que procuraram e ainda procuram definir o direito e dar solução aos diversos problemas jurídicos. Ante tal panorama defendemos a idéia de que o direito não pode continuar a ser visto como um conjunto de conhecimentos divorciados de uma base (ou fundamento), ou melhor, como um conjunto de concepções e teorias conflitantes. Portanto, vemos a necessidade de introduzir uma nova leitura do direito como sendo um discurso de teorias e práticas onde o conhecimento jurídico encontra uma base única e uma peculiar formação.

c) Contribuição científico-metodológica das escolas e correntes jurídicas.

Eis aqui, de forma sintética, o panorama das teorias jurídicas que ajudaram a conformar o que hoje chamamos de Ciência do Direito.

A- JURISPRUDÊNCIA ROMANA

- *Período*: conjunto de normas jurídicas que vigoraram no império romano durante cerca de 12 séculos, desde a fundação da cidade, em 753 a. C, até 1453 d. C.

Falou-se de um direito de tipo dinâmico, onde a concepção do termo Ciência era inexistente. Trata-se de uma teorização do Direito ligada à práxis jurídica, onde o jurista não ordenava os casos dentro de um sistema prévio, sendo a visão do sistema inexistente.

- *Contribuição histórico-metodológica*:

1. Uma evidente contribuição terminológica (definições) duradoura que fornecia uma linguagem, uma maneira de pensar os problemas, que foi fonte para a compreensão moderna dos institutos modernos.

2. Introduz a técnica dicotômica de construir conceitos, quase sempre na forma de pares, ex.: "*actio in rem*" e "*actio in personam*", "*res corporales*" e "*res incorporales*", "*jus publicum*" e "*jus privatum*".

3. A retórica começou a fazer parte da formação do jurista, sendo a sua influência visível nas técnicas de interpretação jurídica: interpretação da letra de lei contra interpretação do seu sentido.

4. Enquadrou-se o conceito do silogismo dedutivo e indutivo e da dialética de Aristóteles na jurisprudência romana.

5. As teorizações jurídicas da época desenvolveram um estilo peculiar de busca de premissas suficientes, mas não necessariamente fortes para elaborar um raciocínio.

B - GLOSADORES[17]

- *Período*: Século XI: A chamada *Ciência européia* do Direito nasce em Bolonha. O direito de Justiniano foi estudado em toda a Europa, desde do século XII, e aceito oficialmente na Alemanha em fins de século XV. Teve grande influência na redação do Código Civil francês de 2 de março de 1804 e no Código Civil alemão de 1900.

- *Contribuição histórico-metodológica*:

1. A resenha crítica dos Digestos justinianeus se transformaram em texto escolar do *jus civile europeu*.

2. Desenvolveu-se uma técnica especial de abordagem de textos pré-fabricados e aceitos por sua autoridade, caracterizada pela glosa gramatical e filológica, pela exegese ou explicação do sentido, pela concordância, pela distinção. Estilo que repercute na forma de conceber o direito na época.

3. Introduz-se o confronto dos textos e seu tratamento explicativo. Assim, nasce a Ciência do Direito com seu caráter eminentemente dogmático (imposto pela autoridade, incontestável). Nessa perspectiva dogmática o jurista harmoniza, procura paralelos e concordância entre os textos, buscando distinguir peculiaridades das regras, sanando, assim, as contradições.

---

[17] *Pandecta:* Compilação das decisões dos antigos jurisconsultos, convertidas em lei por Justiniano, imperador romano do Oriente (c. 483-565: digesto).

4. Introduziu-se a tarefa exegética ou interpretativa como modo de enfrentar a falta de acordo entre os textos, usando-se o método da subordinação de autoridades, mantendo se cada texto, num círculo limitado de validade, a solução das dúvidas, contradições e a discussão científica.

- *Observações críticas*:

O pensamento jurídico à maneira dos glosadores dominou a Ciência do Direito sem oposição até o século XVI, quando começou, então, a sofrer críticas, especialmente pela sua falta de *sistematicidade*. Havia, evidentemente, uma certa inclinação para um tratamento sistemático da matéria jurídica entre os glosadores, mas longe das exigências que a nova ciência da Era Moderna iria estabelecer.

C – JUSNATURALISMO: c1) Jusnaturalismo antigo-grego; c2) Escola medieval ou teológica; c3) Escola do Direito natural racional; c4) Escola do Direito natural liberal; c5) O jusnaturalismo moderno.

c1) Jusnaturalismo antigo-grego.

Visão Geral - O direito é entendido como um conjunto de princípios ou idéias superiores, imutáveis, estáveis e permanentes, sendo que a sua autoridade provém da natureza e não da vontade dos homens. Na forma de conceber o mundo os homens são considerados como *mortais* enquanto o mundo é considerado como *imortal.*

Fala-se de um direito natural que era para os gregos o corpo de normas invariáveis e de validade geral, independentemente dos interesses e das opiniões prevalecentes em cada sociedade. Assim, identificava-se o fundamento do direito natural com a justiça e a razão.

Considerou-se que as "leis" do direito natural impõem aos homens uma série de *limites*, que condicionam a sua vida. Exemplos: a necessidade de comer para não morrer (lei). Desta forma, o direito natural é anterior à criação da sociedade e das instituições políticas e superior ao direito escrito, estabelecido por cada sociedade.

O direito positivo, dependendo dos interesses e da utilidade dos homens, era considerado mutável e imperfeito. Constata-se que o homem faz parte de um *cosmos* (natureza ordenada) que impõe a todos regras e limites. Trata-se, portanto de uma constatação do poder da natureza.

Nessa perspectiva, o conceito de natureza abrangeria a sociedade como um todo. Assim, pode-se considerar que certos valores humanos são estáveis, permanentes e imutáveis, porque fazem parte do cosmos que possui seu próprio equilíbrio. O homem constitui apenas uma pequena parcela do *cosmos*.

- *Contribuição histórico-metodológica:*

Atribui-se à observação o caráter de método para a resolução de problemas, dúvidas e conflitos.

c2) Escola medieval ou teológica.

Visão Geral - Considera o direito natural como imutável, estável e permanente. Reconhece-se a existência de uma segunda *cosmologia* (cristã). Nesta o homem é colocado no centro do mundo, porque é considerado como imortal. O mundo é considerado como matéria perecível.

O direito não é visto diretamente como proveniente da natureza, sendo a sua fonte a religião. Fundamenta-se o direito na vontade de Deus. O Deus cristão dá ao homem o poder de dominar o mundo e outorga-lhe um código de leis.

- *Contribuição histórico-metodológica:*

1. Apresentou-se a lei como uma forma de imposição de determinadas condutas.

2. Propõe-se um direito (regras) que orienta a vida do homem em sociedade (exemplo: as doze tábuas de Moisés).

c3) Escola do Direito natural racional.

Séculos XVI – XVIII (época do desenvolvimento da economia capitalista e do surgimento de importantes avanços nas ciências exatas e biológicas, graças à aplicação de métodos experimentais, as mudanças políticas e científicas repercutem nas áreas "humanas" e, sobretudo, na filosofia e na visão do direito).

Visão Geral - O direito constitui uma ordem preestabelecida, decorrente da natureza do homem e da sociedade. O uso da razão humana é o único meio adequado para "descobrir" os fundamentos da ordem jurídica natural. O uso da razão humana refere-se à capacidade de raciocinar, de ponderar e refletir do homem.

Deixa-se de falar de desígnios de Deus e começou-se a destacar a importância da razão humana. É um período onde se vivenciara um momento de mudanças teológicas; pois, apesar de se destacar a necessidade do uso da razão, continuou-se a falar de um pensamento religioso. Assim sendo, a capacidade de raciocinar tem uma origem divina, é uma espécie de Dom divino.

- *Contribuição histórico-metodológica:*

1. Substituem-se os métodos do pensamento dogmático da teologia pelo uso da razão.

2. A ciência jurídica torna-se laica, desenvolvendo uma intensa atividade metodológica para reestruturar os seus modos de pensamento.

3. Elaboram-se propostas concretas para a reformulação do direito europeu, objetivando tornar sua aplicação sistemática.

4. O direito deve garantir a liberdade de todos. Deve ser composto por normas gerais através das quais a liberdade e o arbítrio de cada pessoa possa conciliar-se com a liberdade e o arbítrio de todos os outros.

5. As idéias racionalistas rejeitam o argumento da fundamentação do direito no cosmos ou em Deus, já que a responsabilidade da convivência em sociedade pertence exclusivamente ao homem. O jurista que aceita tal acepção, mesmo na atualidade, reconhece que *direito é o que é justo.*

6. Rejeitam-se as leis injustas, mesmo as adotadas pelos órgãos competentes.

Principais representantes: Hugo Grotius (1583-1645) e Gottfried Wilhelm Leiniz (1846-1716), que exprimem um compromisso entre o pensamento teológico e o sistema racionalista e de Immanuel Kant (1724-1804) que incorpora na sua teoria as idéias do movimento iluminista, combatendo todas as formas de pensamento dogmático. A proposta era de renovação radical, guiada pela razão humana. Outro importante autor do iluminismo jurídico, Cesare Beccaria (1738-1794), escreveria em 1764 uma obra intitulada *Dos delitos e das penas*, aplicando tais idéias no campo do direito penal.

A escola moralista-racionalista chegaria à atualidade através de pensadores como Jürgen Habermas e Robert Alexy, na Alemanha e Ronald Dworkin, no espaço anglo-saxão. Esta corrente busca na interpretação do direito a solução "justa" para cada caso concreto, por meio do diálogo e da argumentação racional.

c4) Escola do Direito natural liberal.

Visão Geral - Compreende a teoria do direito natural imersa na tradição individualista que sucede à decomposição do regime feudal na Europa e do *Ancien Régime* na França. Com Hobbes, Locke, Rousseau o pensamento liberal ganhava impulso, tendo por base as teorias do contrato social.

Toma-se como base da teoria democrática liberal moderna que residiria em um "individualismo possessivo". Aqui o indivíduo é essencialmente visto como proprietário de sua própria pessoa e de suas capacidades, sendo a essência humana situada na liberdade e na independência de um cidadão em relação a outrem.

- *Contribuição histórico-metodológica*:

1. Falou-se da conservação dos direitos naturais e imprescritíveis do homem: liberdade, propriedade, segurança e resistência à opressão. (Declaração dos Direitos do Homem e do Cidadão de 26 de agosto de 1789 enuncia em seu artigo 2º).
2. Falou-se de direitos naturais, mais precisamente de direitos humanos.

c5) O jusnaturalismo moderno.

Visão Geral - Torna escolar o termo *sistema* e se generaliza, isto é, sistema "*nexus veritatum*" que pressupõe a correção e a perfeição formal de dedução, ou mecanismo (princípio comum) que liga as partes que são dependentes num todo.

É um jusnaturalismo considerado científico, no sentido de pensamento sistemático. Defende-se o vínculo entre ciência e pensamento sistemático. A jurisprudência européia (vista como ciência de exegese e de interpretação de textos singulares) passa a receber um caráter lógico-demonstrativo de um sistema fechado, cuja estrutura dominou e domina até hoje os códigos e os compêndios jurídicos.

Afirma-se que todo ordenamento, isto é, toda ordem jurídica tem em sua própria essência uma *proibição*. Assim, o caráter fundamental do direito repousa em sua função *imperativa* e não em sua função *indicativa* e começou-se a destacar a necessidade de o homem viver em sociedade. A teoria jurídica passa a ser um *construído sistemático* da razão e um instrumento de crítica da realidade.

- *Contribuição histórico-metodológica*:

1. Introduz o conceito de *sistema* e o método sistemático conforme o rigor lógico da dedução.

2. Faz ao Direito conquistar uma dignidade metodológica especial.

3. Desenvolve uma sistemática jurídica característica, mediante a conjugação da dedução racional e da observação empírica (bases do dualismo cartesiano do método "analítico" e "sistemático").

4. Deu ao direito um sentido crítico-avaliativo de acordo com os princípios reconhecidos pela razão.

D - ESCOLA HISTÓRICA

Principais representantes: Gustav Hugo (1764-1844) e Friedrich Carl von Savigny (1779-1861).

Visão Geral - Foi uma reação à escola do direito natural racional, pois o direito não decorre de uma razão universal válida para todo o gênero humano. Considera que a verdadeira fonte do direito se encontra nas tradições populares. O direito é determinado pela presença de um espírito peculiar, o espírito do povo.

Relaciona-se o direito com a idéia de nacionalidade e com as particularidades de cada povo, aproximando-se de uma concepção sociológica do direito e destacando-se a importância das pesquisas das tradições jurídicas.

- *Contribuição histórico-metodológica*:

1. Traz à lume a questão do caráter científico da Ciência do Direito, iniciando-se uma leitura do caráter social dos fenômenos jurídicos.

2. Introduz-se a compreensão da ciência jurídica (*juris scientia*) como ciência histórica, aparecendo a dogmática jurídica como história do direito.

3. Desenvolve-se metodicamente uma nova sistemática da Ciência do Direito, relacionando o direito com a sua dimensão histórica.

4. Revela-se uma inovação decisiva na sistemática jurídica, pois nela o sistema perde o caráter absoluto da racionalidade lógico-dedutiva (Savigny).

5. Exige-se da investigação científica do direito o reconhecimento uniforme do valor e da autonomia de cada época, conforme os princípios da ciência histórica.

Resumindo: a Dogmática Jurídica, vista como teoria do direito vigente passou a ter uma importância até maior que a pesquisa histórica. Com isso, a ciência jurídica da Escola Histórica acabou por se reduzir a um conjunto de proposições, que abriam as portas para o chamado pandectista (estudos romanísticos), que correspondeu, na França, à chamada Escola da Exegese e, na Inglaterra, à Escola Analítica.

Autores como Savigny preconizaram um conhecimento do direito, fundado não sobre a razão, mas sobre a história e o respeito à tradição. Savigny sustenta que toda época de um povo deve ser pensada como a continuação e o desenvolvimento do tempo passado. A história não se apresenta somente como exemplo, mas sobretudo como a única verdadeira forma de conhecer a condição humana.

Assim, a Escola Histórica voltou-se ao estudo do Direito Romano então em vigor nos estados germânicos e em boa parte da Europa, em virtude de as instituições romanas terem, na visão da Escola, uma afinidade suficientemente sólida para serem assimiladas pelo espírito nacional germânico.

A Escola Histórica defendia o valor da sabedoria e a necessidade de preservar e continuar o valor da sabedoria e a necessidade de preservar e continuar a ordem tradicional. A descoberta da Escola Histórica foi a valorização do local e do temporal de sua superioridade sobre o universal. A Escola Histórica admitia a existência de um espírito do povo, o que conduzia à suposição de que nações ou grupos étnicos constituíam unidades naturais ou então que leis gerais da evolução histórica existiam.

E - POSITIVISMO JURÍDICO: e1) positivismo normativista (lógico-formalista); e2) positivismo centrado na aplicação da norma; e2.1) jurisprudência dos interesses; e2.2) realismo jurídico; e2.2.1) realismo americano; e e2.2.2) realismo escandinavo

e1) Positivismo normativista (lógico-formalista)

Visão Geral - Entende-se o direito como um sistema de normas (regras) que regulam o comportamento social, isto é, como ciência que se dedica ao conhecimento de fatos (através das normas jurídicas positivas) do mesmo modo em que a ciência natural se dedica ao conhecimento da natureza, abstendo-se a pronunciar julgamentos de valor. Sistema que se baseia nos fatos e na experiência.

Separa-se o domínio do ser e do dever ser na ciência (representa o direito tal como ele é e não como ele deveria ser, o que supõe uma separação entre o direito e a moral). Considera-se como direito só as normas em vigor em uma dada sociedade.

Considera-se igualmente que a análise dos conceitos jurídicos deve ser distinguida de todo estudo a respeito da origem histórica ou sociológica da norma e que os julgamentos ideológicos, diferentemente dos julgamentos de fatos, não podem ser objeto de discussão racional.

Abstrai-se o julgamento da validez da norma do julgamento do conteúdo dessa norma; assim, a definição do direito se apoiaria no seu caráter coercitivo.

- *Contribuição histórico-metodológica*:

Atribui a todo estudo jurídico de um estatuto empírico-científico. Porém, limita dito estudo ao conhecimento do direito em vigor em uma dada sociedade, em um período determinado.

O positivismo normativista, ao admitir que o jurídico não é senão a norma posta pelo Estado, não estuda o fenômeno jurídico inteiramente.

e2) Positivismo centrado na aplicação da norma.

Visão geral - Análise antiformalista do direito, considerando que o positivismo centrado na legislação comete o erro de interessar-se principalmente por aquilo que está escrito nos diplomas legais, ocupando-se de uma "letra morta".

Consideram decisiva a interpretação do direito pelos tribunais e pela administração pública. Assim sendo, se interessam pela realidade do direito, tal como resulta de sua aplicação.

Sua motivação principal foi a chamada "revolta contra o formalismo", isto é, contra uma análise do sistema jurídico que insistia na letra da lei e nas construções formais sobre a validade do direito.

e2.1) Jurisprudência dos interesses.

Principais representantes: Autores alemães da escola de Tübingen, cujo representante mais conhecido é Philipp Heck (1858-1943).

Visão Geral - Escola jurídica de corte sociológico, que se preocupa com as condições de aplicação do direito na realidade social. Nela, destaca-se o papel do juiz como predominante, pois da "letra da lei" nem sempre resulta ser uma resposta unívoca (aceita por todos). O juiz deve oferecer uma solução conforme o espírito e à finalidade da lei. Assim, os tribunais devem decidir com uma certa flexibilidade (porque a lei não prevê soluções claras para todos os casos), porém devem evitar uma solução subjetiva.

Insiste-se no dever de obediência dos juízes à lei ("obediência inteligente"), levando em consideração a situação social no momento da decisão.

- *Contribuição histórico-metodológica*:

Introduz a idéia do caráter orientador do legislador que nunca oferece respostas concretas. Considera-se o juiz como um "pensador-adjunto" do legislador.

e2.2) Realismo jurídico.

Principais representantes: EUA, Oliver Wendell Holmes (1841-1935), Roscoe Pound (1870-1964), Karl Llewellyn (1893-1962) e, nos países da Escandinávia, Axel Hägerström (1868-1939), Anders Vilhelm Lundstedt (1882-1955), Karl Hans Knut Olivecrona (1897-1980) e Alf Ross (1899-1979).

Visão Geral - O realismo jurídico começou a desenvolver-se no final do século XIX na Escandinávia e, sobretudo, nos EUA, onde se tornou uma teoria importante, devido ao sistema jurídico adotado (*common law*), fundamentados nos precedentes da jurisprudência e não exclusivamente na legislação. Os realismos americano e escandinavo têm em comum uma atitude empírica e anti-metafísica.

e2.2.1) Realismo americano.

Visão Geral - O direito havia perdido o contato com a sociedade, portanto era necessário adaptar e modernizar o direito em relação às intensas transformações sociais e econômicas subsequentes à revolução tecnológica e industrial verificada no país a partir de 1870.

Observa-se o direito como uma ciência social prática ou técnica, isto é, como uma técnica que se nutre das ciências sociais do mesmo modo como o faz a engenharia em relação às ciências naturais.

Apresenta-se o direito como um saber prático destinado a alcançar o objetivo de regular a sociedade e de responder as suas necessidades.

- *Contribuição histórico-metodológica*:

1. Propõe-se estudar o direito tal como é de fato (sociológica e historicamente), nesse sentido eles se proclamam antiformalistas, estudando os fatores que influenciam as decisões dos tribunais.

2. Introduz-se a desconfiança a respeito da "certeza jurídica" demonstrando como o caráter dinâmico do direito moderno é antes uma qualidade do que um defeito.

e2.2.2) Realismo escandinavo.

Principais representantes: os suecos Vilhelm Lundstedt e Karl Olivecrona e o dinamarquês Alf Ross.

Visão Geral - A teoria jurídica deve somente descrever as decisões dos órgãos competentes para aplicação do direito. As normas não têm muita relevância, pois não é possível aplicar o direito tal como está previsto na lei. Não é importante o conteúdo da norma escrita, mas sim o modo de aplicação da norma em cada momento histórico (direito em ação).

O realismo se propunha uma tarefa essencialmente dedutiva, enquanto que os positivistas de Viena, e mesmo antes "do evento de Popper", privilegiavam o indutivismo.

Destaca-se a pretensão de explicar o direito "tal como ele é na realidade" (em termos psicológicos", ou seja, em termos de conjunto de respostas mentais a questões jurídicas fundamentais). Porém, não tem por centro de preocupação as decisões judiciais ou o papel dos fatores econômicos e sociais que poderiam influenciar o trabalho das cortes.

- *Contribuição histórico-metodológica*:

1. Realiza-se análise metodológica e filosófica sobre o que é o direito (pesquisa teórica).

2. Interessam-se pela dimensão humana do fenômeno jurídico, considerando o direito como um fato social e não como um conjunto de normas abstratas.

Resumindo: O realismo jurídico é uma teoria positivista porque considera que o direito é estabelecido através de uma vontade política; porém, os representantes do positivismo jurídico criticam os realistas por ignorarem que o direito moderno se fundamenta nas decisões do legislador. Os realistas não examinam as razões da escolha de uma interpretação, que podem ser jurídicas (respeito à vontade do legislador), políticas (posição política dos juízes) ou sociais (origem de classe, interesses pessoais).

4.4.3 Questões relevantes decorrentes do Direito

Entre os vários enfoques possíveis, ora destacamos as seguintes três considerações sobre o direito:

1. O direito não é uma ciência (por tornar impossível a previsibilidade e a certeza das respostas que produz, não pode ter estatuto de ciência).

2. O direito é uma ciência diferente das ciências naturais; onde as respostas são universalmente válidas ou,

3. O direito deve ser considerado uma ciência que busca respostas de validade universal.

Algumas outras correntes sustentam que apesar da nota predominante no direito ser o dissenso, esse fato não impede que o direito como ciência confirme a buscar respostas de validez universal.

Parece-nos que, perante tais divergências, o jurista deveria se preocupar só com pretender demonstrar como o direito pode ter um estatuto científico sem almejar produzir leis de validade universal. Deve-se ter cuidado com os sérios problemas que derivam do relativismo, do ceticismo e do niilismo.

No caso específico do Direito, devem ser consideradas científicas as análises da validade, da coerência, da completude, da eficiência, da eficácia, etc., do direito, onde os métodos e as técnicas tenham sido usados adequadamente.

Parece-nos ser científica, por exemplo, a análise da organização jurídica, ou melhor, da unidade e integridade do Direito. Aqui se inclui também o procedimento para determinação da vigência, lacunas e outras deficiências que limitam ou impedem a interpretação e aplicação das normas.

Assim sendo, o jurista pesquisador deve-se comprometer exclusivamente com a sua produção de críticas, isto é, com a demonstração e não a total aceitação de seus resultados, privilegiando a produção de uma *teoria crítica do direito*.

Em suma, dois parecem ser os campos onde se desenvolvem os estudos jurídicos, a saber:

a) teórico, por estar constituído por doutrina, história, modelos, princípios, regras, axiomas, normas etc.;

b) fenomenológico, pois para ele também se reserva um referente empírico, a saber: fenômenos dinâmicos e estáticos.

Nessa perspectiva, o direito parece ser uma ciência de discursos e práticas reproduzidas em determinados contextos, isto é, tempo e lugar.

4.4.4 A interdisciplinaridade do direito

A ciência é uma e infinita. Mas, para estudar certos aspectos da realidade é necessário dividir o domínio do conhecimento científico num certo número de áreas (setores) específicas, com o intuito de facilitar a especialização do cientista em cada ciência particular.

O universo, sendo uno e harmônico, é composto por inúmeras parcelas que se conectam guardando relação com o todo. Dessa forma, cada ciência particular se nos apresenta como sendo um conjunto de conhecimentos metodicamente ordenados que se referem a objetos (fenômenos ou acontecimentos) localizados dentro desse universo. Portanto, cada ciência investiga uma dada parcela desse enorme e infinito mundo em que vivemos, sendo certo que tais parcelas se encontram conectadas dentro de um mesmo universo, é assim que as ciências também se conectam.

O direito, por exemplo, se vincula com outras ciências porque evidentemente forma parte de uma dada superestrutura presente em toda e qualquer formação econômico-social, onde também se situam as artes, a economia, a política, a filosofia, etc., assim como representamos na terceira e última transparência correspondente ao presente tema.

Note-se que antes e durante a coleta, análise e organização dos dados, com frequência, os cientistas adotam métodos e técnicas auxiliadores gerais, tais como, observação, análise, síntese, dedução, indução, etc., ou próprios da ciência onde atua. Assim, também o jurista se auxilia da história, da matemática, da economia, da sociologia, isto é, das diversas informações fornecidas por outras ciências que acabam facilitando a compreensão dos fenômenos jurídicos.

Tudo isso justifica os empréstimos entre as ciências, o que não implica que, pela força, as ciências sociais ou humanas devem se adotar os métodos e técnicas empregadas pelas ciências naturais.

4.4.4.1 A base axiológica do conhecimento jurídico

Nem todo resultado científico é sempre aceito pela comunidade científica. Por isso, para introduzir seus resultados, os cientistas se empenham em generalizar e demonstrar inúmeras vezes o valor e utilidade de suas teorias.

A respeito da construção de teorias, vemos como determinante o uso de construções linguísticas, isto é, conceitos e proposições por meio das quais descrevemos e explicamos os fatos e problemas das ciências. É por meio de tais construções que significamos o mundo que estudamos. Porém, duas objeções se reservam para esta questão; primeira, é certo que por meio dessas construções linguísticas (conceitos e proposições) significamos os objetos e fenômenos; mas, também é certo que as mesmas não são uma fotocópia exata da realidade, visto que não são capazes de representar, integralmente, todas e cada uma das qualidades ou características pertencentes a ditos objetos; segunda, nem sempre lidamos com conceitos concretos (ou com proposições sintéticas), por isso, com frequência lidamos com idéias abstratas, o que faz com que se duvide da objetividade (valor e certeza) do conhecimento, ou qualquer tipo de referência que tenha como base os conceitos abstratos, tais como, beleza, bondade, justiça, democracia, equidade, verdade, etc. Tal incerteza, pensamos, é a razão das falsas crenças, de conflitos teóricos, de disputas e de guerras.

Contudo, se duvida da objetividade do conhecimento humano em geral e de algumas teorias e conclusões científicas em particular. Eis uma problemática presente em todas as ciências; como *garantir a objetividade de um conhecimento científico se ao invés de verdade ou certeza o que existem são múltiplas interpretações*?

Ligam-se a dito problema outras questões não menos importantes, a saber:

a) quantas formas de interpretações existem?

b) todas as interpretações têm a mesma relevância?

c) qual método deve-se adotar para desenvolver um processo de interpretação e pesquisa eficiente?

Isto ainda se agrava se consideramos que cada forma de interpretar se corresponde a um ou vários métodos interpretativos, muitas vezes diferentes e até opostos. Assim encontramos diferentes formas de abordagem e de interpretação entre filósofos e também entre juristas.

Tal problema preocupou e ainda preocupa a filósofos e juristas, para o qual propomos, não como solução, mas como precaução à grande tarefa de definir cada conceito com o qual trabalhamos e usamos para fazer ciência.

A respeito da verdade das proposições e teorias científicas se diz que ela não é uma coisa; este livro, esta mesa não são verdades; mas dizer, pensar que este livro existe, ou que esta mesa é preta, é dizer, é pensar verdades. De acordo com essa leitura a verdade consistiria essencialmente em pensar que as coisas são o que na realidade são. Daí a concepção que nos informa que "*dizer que o que é, é, e que o que não é, não é, eis a verdade*".

Talvez por isso, por muito tempo, considerou-se apropriado definir a verdade como sendo: "*uma relação de conformidade entre o que o espírito pensa e o que é*". Nessa perspectiva, a definição de verdade acabava relacionando os seguintes três aspectos: a) um objeto, que se oferece a uma inteligência; b) uma inteligência que pensa e c) uma relação de conformidade entre o pensamento e o objeto. Cabe aqui perguntar se é o objeto que deve se conformar com a inteligência ou a inteligência com o objeto?

É evidente, por exemplo, que a idéia de uma pesquisa científica preexistiu como necessidade na inteligência do cientista e que o resultado dessa pesquisa, artigo, monografia, dissertação ou tese, para chegar a existir, se conformou mais ou menos com base na idéia inicialmente concebida. Ora, do ponto de vista do leitor, é a idéia que deriva da leitura a que resulta em conformidade com o texto; assim para o leitor algumas proposições podem ser consideradas falsas, inoportunas, incoerentes, etc. Contudo, algumas importantes e decisivas questões derivam dessa análise: a) *quando estaremos seguros de que nossas proposições são oportunas, verdadeiras ou certas? b) quando é que podemos afirmar que nossos juízos são correto? c) serão verdadeiros os juízos só quando forem conformes com os objetos*?

Diversas críticas surgiram procurando invalidar os critérios de verdade e falsidade. Assim, na procura de uma explicação para tais questões falou-se de *verdade lógica* e *verdade ontológica*, a primeira como sendo a verdade dos nossos conhecimentos, a qual consiste na conformidade de nossa inteligência com o que é; a segunda, como a verdade das coisas, que consiste na conformidade do que é como a inteligência divina. A verdade ontológica pertenceria à metafísica. Também, devido a essa dicotomia durante muito tempo afirmou-se que toda teoria cujos resultados não eram suscetíveis de serem testados por meios empíricos não podia pertencer ao domínio da ciência.

Ora, perante tantas divergências, urge ao pesquisador preocupar-se pela demonstração de seus resultados e não pela procura insistente de uma verdade aparente e absoluta que é vista geralmente como inalcançável. Portanto, preocupemo-nos com a oportunidade e coerência de nossas proposições e teorias, procurando demonstrar que, na procura de um resultado, fomos capazes de usar um caminho, uma lógica (metodologia) dentro de um processo que aqui chamamos de pesquisa.

4.4.4.1.1 Impacto de cada escola metodológica no plano axiológico

Cada escola metodológica adota (assume) uma postura perante a cientificidade e o caráter epistemológico do conhecimento científico, isto é, sua origem, seu nexo lógico, seu valor, etc. Daí, que exista uma diversidade de teorias e acepções científico-jurídicas afiliadas a uma ou outra das escolas, *moralista* e *positivista*. Sendo certo que, como vimos na seção anterior, serão observadas várias teorias e concepções diversas e contrárias.

Nota-se que, geralmente, o caráter teórico, prático ou crítico do direito se faz depender da postura assumida por cada jurista, perante o objeto ou realidade que se pretende mostrar como preponderante. É por isso que a ciência jurídica é considerada ora como *ciência*, pelo seu aspecto teórico, ora como *arte*, pela sua função prática. Outros, ainda, dariam ao problema uma solução eclética.

4.4.4.2 Posturas metodológicas dos juristas

Ao efeito de uma melhor compreensão dos argumentos destas doutrinas, antes de mais nada, revisemos os seguintes conceitos.

- ***Ceticismo*** - O ceticismo defende a concepção de que a verdade de um julgamento não é cognoscível. A esse respeito entende-se a verdade como coincidência do afirmado no julgamento com o fato real, independente do conhecimento, ao que se refere o julgamento. O ceticismo crê indemonstrável a legitimidade, isto é, coloca em dúvida que a verdade possa ser provada de alguma maneira.

Os argumentos céticos (ou cépticos) colocam em dúvida a legitimidade da cientificidade do conhecimento. Para um cético todas as opiniões são igualmente incertas; por isso, o sábio deve permanecer na dúvida universal, único estado legítimo e definitivo do espírito humano.

O debate entre cépticos e dogmáticos não é sobre a existência, mas sobre o valor da certeza. Com ou sem razão temos certeza, afirmamos sem receio de nos enganar; é fato que ninguém nega, nem os cépticos. Os argumentos cépticos se reduzem a quatro questões principais: a) ignorância; b) erro; c) contradição das opiniões e faculdades; d) impossibilidade de provar a aptidão do espírito para atingir a verdade.

A respeito da ignorância se afirma que todas as verdades se ligam de tal modo que para conhecer verdadeiramente uma seria mister conhecê-las todas. Ora, sendo o campo da verdade imenso e muito limitado o espírito, segue-se que, não podendo conhecer todas, não podemos conhecer nenhuma. Sobre o erro se diz que nos enganamos frequentemente, mesmo quando julgamos estar com a verdade e sendo assim nada nos garante que não nos enganemos sempre.

A respeito das contradições alega-se que o espírito humano está em perpétua contradição consigo mesmo, pois varia:

a) com os séculos - certas ações permitidas e mesmo louváveis outrora, são hoje consideradas como vergonhosas e criminosas; e o erro de hoje é a verdade de amanhã;

b) com os países - onde as diferenças históricas e o desnível do desenvolvimento econômico e sociocultural fazem divergentes as crenças, os valores, as regras e os costumes;

c) com os indivíduos - a idade, o sexo, a saúde, modificam profundamente as opiniões; o que é belo para um é feio para o outro e este acha agradável o que desagrada àquele;

d) com as faculdades - o mesmo indivíduo se contradiz segundo as faculdades que consulta: a razão contradiz os sentidos, os sentidos se contradizem entre si e a razão se contradiz a si mesma. Ora, contradição é mau sinal de verdade (Pascal).

Em suma, o argumento mais relevante do cepticismo é aquele que informa que: antes de admitir a legitimidade da certeza, seria mister demonstrar a aptidão do nosso espírito para conhecer a verdade; ora, esta demonstração implica um círculo vicioso, porque só pode ser feita mediante as mesmas faculdades cuja legitimidade está em litígio. Portanto, para o ceticismo a certeza não tem nenhum valor científico.

- ***Idealismo*** - O idealismo se nos apresenta como sendo uma tendência ou doutrina que, em graus e sentidos diversos, reduz o ser ao pensamento ou a alguma entidade de ordem subjetiva, considerando que o espírito, ou a consciência, ou as idéias, ou a vontade, etc., são o dado primário a partir do qual se devem resolver os problemas.

Entre as contribuições científico-metodológicas do idealismo está a conquista de métodos lógicos rigorosos que são, em grande parte, fruto da reflexão sobre o pensamento empreendida pelos idealistas de todas as épocas e pela sua confiança no valor e no poder da atividade racional.

Contudo, no tocante a situações sociais e econômicas ao idealismo se lhe atribui menor importância, por ser visto como doutrina que serve a grupos ou classes que se interessam pela manutenção de determinadas situações.

- ***Relativismo*** - Teoria que se baseia na relatividade do conhecimento. Daí a idéia de que nunca sabemos tudo, portanto é impróprio tornar tudo absoluto.

Perante essa realidade, na perspectiva metodológica, nos resta demonstrar, isto é, procurar justificar os resultados a partir dos dados e estatísticas que realmente podemos mostrar (caracterização) e usando métodos que justifiquem as nossas conclusões dentro de um contexto, isto é, tempo e lugar. Note-se que o que hoje nos parece ser certo amanhã pode parecer errado; pois, jamais seremos donos de um conhecimento absoluto ou acabado.

- ***Niilismo*** - Concebe-se o niilismo como uma doutrina que insiste em afirmar que não há verdade moral nem hierarquia de valores, portanto o progresso social só seria possível após a destruição do que socialmente existe.

Nietzsche concebe o niilismo como sendo inevitável, até porque é com ele que os grandes valores chegam às suas consequências finais. Assim, o niilismo significa que os valores supremos perdem o valor. (MANN, 1975. p. 54-92)

Valores supremos como, por exemplo, a verdade, ao serem levados às últimas consequências perdem o valor e com isso a relevância que possuíam. Assim, o niilismo irá refletir esta nova condição dos valores supremos, revelando que ao entrarem em declínio também em declínio encontra-se uma interpretação ressentida da vida que por ódio e vingança ao mundo, como foi dito, postulou tais valores como reação ao sofrimento que este proporcionava.

- ***Holismo*** - Compreensão da realidade em totalidades integradas onde cada elemento reflete e contém todas as dimensões do todo, destacando que a parte está no todo, assim como o todo está na parte, numa inter-relação constante e dinâmica.

O holismo é visto geralmente como uma doutrina que considera o organismo vivo como um todo impossível de ser decomposto e onde cada parte interfere nas outras. Tal é a compreensão da realidade em totalidades integradas onde cada elemento reflete e contém todas as dimensões do todo, destacando que a parte está no todo, assim como o todo está na parte, numa inter-relação constante e dinâmica.

Desde uma perspectiva ideológica, acusam-se os holistas de idealizar uma sociedade impossível, visto que para alguns, combater a pobreza, a exploração, o desemprego, é algo diverso de empreender a realização de uma sociedade de sonhos.

4.4.4.2.1 Recusa do ceticismo, do idealismo, do relativismo, do niilismo e do holismo

Um método científico válido em direito é aquele que reconhece a mutabilidade da ciência jurídica, ou seja, o caráter móvel e pluralista do direito. Portanto, os conceitos de verdade e falsidade em direito, assim como noutras áreas do conhecimento humano, não garantem a objetividade do conhecimento, pois, como já vimos, nos deparamos com múltiplas respostas para os mesmos problemas e inúmeras definições para os mesmos conceitos. Tudo isso justifica a importância da metodologia e a necessidade de usar métodos adequados para a procura de um conhecimento. Portanto, qualquer adesão cega e irracional ao ceticismo, idealismo, relativismo, niilismo, holismo acabaria por fechar as portas a um novo conhecimento.

CAPÍTULO 5
METODOLOGIA JURÍDICA

"Para agir cientificamente precisamos saber como e quando proceder. Cuidar da palavra escrita é cuidar do seu significado, da sua lógica e da sua organização".

Pablo Jiménez Serrano

5.1 Métodos jurídicos

Em temas anteriores apresentamos a Metodologia Científica como uma disciplina auxiliadora das ciências, isto é, como uma ciência das ciências que, estimulando nosso pensamento, nos orienta na projeção do processo de pesquisa e na escolha dos métodos e das técnicas que possibilitam a abordagem e solução de determinados problemas.

De acordo com Carnelutti (2002, p. 22), a metodologia como a ciência da ciência do Direito está em grande parte, todavia, por fazer e a consciência de sua necessidade é bastante difusa, porém dizemos, sua utilidade é cada dia crescente. Parece-nos incontestável a idéia de que todo cientista e também o jurista, para compreender, explicar e demonstrar teorias, sente a necessidade de se adentrar na metodologia científica, procurando identificar os métodos e as formas de proceder na ordem científica.

Em efeito, essa é a razão pela qual, como profissional do Direito, privilegiamos a orientação do conhecimento e domínio tanto dos métodos científicos jurídicos que nos auxiliam na explicação, compreensão e solução dos problemas do direito como nas técnicas e regras para interpretação e integração do direito. Eis o que justifica a subseção que a seguir introduzimos.

A Ciência do Direito comumente se nos apresenta como sendo o resultado de uma construção de modelos ligados ora à tradição histórica ou às diferentes correntes e escolas jurídicas. Pela palavra modelo entenda-se aqui um subsistema teórico previamente proposto, mediante o qual procura se explicar a gêneses, estrutura, objeto e finalidade da ciência jurídica e propor também um conjunto de técnicas e procedimentos para a melhor compreensão e resolução dos problemas jurídicos.

Comumente, usa-se o termo "modelo" para denominar o Positivismo jurídico (modelo positivista) ou o Jusnaturalismo (modelo jusnaturalista). O termo também se reserva para significar uma dada perspectiva analítica do direito (modelo analítico) - representação estrutural das dimensões jurídicas -, e para realçar a perspectiva hermenêutica (modelo hermenêutico) que ora explicamos.

Contudo, é na obra do eminente jurista Tércio Sampaio Ferraz Júnior (1980, p. 47) onde pode ser vista uma excelente referência a três modelos específicos: *analítico, hermenêutico e empírico*. Assim, por meio de um interessante argumento, o prestigioso professor nos ensina que o direito sempre envolve um problema de decidibilidade de conflitos sociais. Nesse sentido, o direito tem por objeto central o próprio ser humano que, pelo seu comportamento, entra em conflito, cria normas para solucioná-lo, decide-o, renega suas decisões, etc. Para captá-lo, continua o autor, a ciência jurídica se articula em diferentes modelos, determináveis conforme o modo como se encare a questão da decidibilidade. Cada um destes modelos representa, assim, uma efetiva concepção do ser do homem, como centro articulador do pensamento jurídico.

Assim, concordamos com a idéia de que a divisão do direito em *subsistemas* ou *modelos* nos permite compreender com maior facilidade quais são, *do ponto de vista teórico*, os maiores "problemas" que preocupam os juristas e motivam seus estudos; sendo também certo que, *do ponto de vista prático*, "a partir destes modelos temos a possibilidade de mostrar os diferentes modos como a Ciência do Direito se exerce enquanto pensamento tecnológico" (FERRAZ Jr, 1980, p. 48), pelos chamados operadores do direito.

Ora, devido à extensão do assunto aqui nos ocuparemos com o modelo hermenêutico, observando como a Ciência do Direito pode ser vista como sendo constitutiva de um conjunto de atividades interpretativas que visam compreender o comportamento humano. Assim sendo, o modelo hermenêutico encerra a questão da compreensão do porquê e como as proposições jurídicas e, mais especificamente, as normas jurídicas se vinculam entre si, constituindo um sistema onde é respeitada a questão da hierarquia do direito.

5.1.1 Interpretação jurídica

Comumente a interpretação jurídica é vista como sendo a essência do direito; assim, se afirma que o direito é essencialmente uma ciência hermenêutica, onde o jurista busca o sentido, alcance e finalidade dos textos legais.

Para uma parte dos juristas, interpretar é atribuir um sentido à norma jurídica, observando a realidade ou fenômeno vinculado a ela, consistindo a atividade interpretativa na busca do sentido e significado das normas jurídicas, através dos textos ou signos de exteriorização (DIEZ-PICAZO, 1995, p. 113). Para outros, entre os quais no incluímos, interpretar é desenvolver um processo onde também se vinculam a razão, a sabedoria e a experiência ao conteúdo das proposições jurídicas, quer doutrinárias quer normativas.

É também comum encontrar nas obras de destacados hermeneutas uma concepção que explica a interpretação jurídica como sendo um processo importante por meio do qual o intérprete, com o auxílio da hermenêutica jurídica, se situa no lugar e nível do legislador para repetir artificialmente sua atividade. Daí as duas teorias que se referem à interpretação normativa.

a) A *teoria subjetiva* (vontade psicológica do legislador).

b) A *teoria objetivista* (vontade normativa da lei).

Ambas as teorias nos orientam ao reconhecimento de dois possíveis objetos distintos do processo de interpretação jurídica, a saber: 1) a vontade do legislador; ou 2) o texto legal. Nessa perspectiva, a interpretação jurídica teria alguns inconvenientes de ordem prática, razão por que a vontade do legislador tem perdido toda utilidade.

É certo que o criador da lei, assim como afirmam Luis Diez-Picazo e Antonio Gullón (DIEZ-PICAZO, 1995, p. 114-115), desempenha um papel importante, pois sua vontade se converte em texto legal. As representações mentais, as expectativas e os propósitos do legislador, que não alcançaram expressão na lei, carecem de obrigatoriedade. Só as manifestações da vontade vertidas nas normas têm valor e por isso apenas é válida a vontade que resulta do texto legal. Assim, concluem os citados autores, a interpretação objetiva constitui o sistema mais importante para completar e facilitar o progresso do ordenamento jurídico.

Uma interpretação objetiva da norma jurídica é capaz de fazer frente aos fenômenos e situações que o legislador histórico não conhecia e não tinha motivo para conhecer. Desta feita, o intérprete deve adaptar o ordenamento jurídico que está em renovação, pois dentro dele cada nova disposição irradia uma força sobre as anteriores e sobre todo seu conjunto.

No entanto, o jurista hodierno enfrenta um aparente conflito teórico que, segundo Tércio Sampaio (1980, p. 72), ainda não tem sido devidamente resolvido, porém que poderia ser dissipado se consideramos que o ato da interpretação tem por objeto não um texto, mas o sentido que ele expressa que foi determinado ou é determinado por outro ato interpretativo - ou da autoridade competente -, que por sua vez é condicionado por uma série de fatores que podem alterá-lo, restringi-lo ou aumentá-lo. Assim, continua o citado autor, interpretar é compreender outra interpretação (a fixada na norma), existindo nesse sentido dois atos, um que dá à norma o seu sentido e outro que tenta captá-lo. Portanto, para que possa haver interpretação jurídica é preciso que ao menos um ato doador de sentido seja fixado.

5.1.1.1 As razões da interpretação jurídica

Justifica a interpretação jurídica o fato de nem sempre existir um claro deslinde entre o acontecimento social e o texto jurídico. Aqui o operador do direito enfrenta o problema da escolha correta, entre várias, da norma aplicável; pois, como se sabe o ordenamento jurídico se constitui como um conjunto de normas ordenadas e sistematizadas, de acordo com critérios diversos.

Outra das causas da interpretação jurídica pode consistir no fato de as leis positivas serem formuladas em termos gerais. O legislador fixa regras, consolida princípios, estabelece procedimentos, em linguagem clara e precisa, porém, ampla, sem descer a minúcias. Daí a necessidade de pesquisar a relação existente entre o texto abstrato e o caso concreto, isto é, entre a norma jurídica e o fato social.

Para tanto, é mister desenvolver um trabalho preliminar que consiste em procurar entender o sentido verdadeiro da regra positiva e, concomitantemente, seu respectivo alcance e extensão. Nesta perspectiva a interpretação será sempre necessária, pois o legislador estabelece regras gerais e não prescrições particulares, ou melhor, preceitos comuns a todos os cidadãos. Sendo certo que "a norma é geral, porque seu preceito se dirige indiscriminadamente a todos. Especificando melhor, a todos, segundo a igualdade de situações. A todos os brasileiros natos, a todos os empregados públicos, a todos os engenheiros-agrônomos e assim por diante. Forma-se uma progressão do mais geral (brasileiros) ao menos geral ou especial (engenheiros-agrônomos com curso de pós-graduação)". (FERRAZ Jr, 1980, p. 179)

Damos como certo que os problemas da interpretação das normas também estão vinculados à linguagem e à lógica jurídica e por este motivo ao interpretar se devem utilizar métodos que permitam a verificação da intenção do texto jurídico, através da análise do sentido das palavras utilizadas. O conhecimento do uso da linguagem e da lógica jurídica nos ajuda a compreender o sentido dado à redação do texto. Igualmente, o conhecimento do uso da linguagem e da lógica jurídica é ferramenta fundamental que nos permite argumentar uma sentença, fundamentar adequadamente um relatório e realizar todo o trabalho de aplicação da lei.

5.1.1.2 A hermenêutica jurídica

A hermenêutica jurídica, ensina Carlos Maximiliano (1996, p. 1), tem por objeto o estudo e a sistematização dos processos aplicáveis para determinar o sentido e o alcance das expressões do direito. Nesse sentido, a hermenêutica jurídica funciona como uma parte da ciência do direito que auxilia os processos interpretativos.

Vale aqui observar uma importante distinção entre o campo de ação da interpretação e da hermenêutica. Se interpretação é um processo pelo qual pretende-se alcançar um fim (determinação do sentido e alcance da norma), a hermenêutica é a teoria que serve de ferramenta para alcançar esse fim, pois os critérios hermenêuticos orientam a interpretação jurídica.

5.1.1.2.1 Regras de hermenêutica

Até aqui, observamos o discurso sobre a "interpretação da norma jurídica", ou melhor, sobre a "interpretação jurídico-normativa". Ora, cabe alertar que a interpretação jurídica não se limita à norma (proposições prescritivas) pois ela também se faz recair sobre outros tipos de proposições.

A primeira observação que devemos fazer da análise da concepção do direito como uma ciência interpretativa refere-se ao fato de acabar de definir os tipos de proposições com que regularmente lida o jurista, isto é, proposições prescritivas (normas) e/ou proposições enunciativas ou descritivas (doutrinas).

Tal confusão é manifesta na evolução do pensamento metodológico de alguns autores. Para Kelsen, por exemplo, assim como se lê na obra de Tércio Sampaio (1980, p. 55), os enunciados da Ciência Jurídica usam a fórmula *dever-ser*, mas são descritivos, pois apenas constatam o que é e o que não é direito em determinada situação (tempo e espaço). No entanto, como acentua Karl Larenz (LARENZ, 1983, p. 89-90), "inicialmente via Kelsen no princípio jurídico contido na norma um enunciado do legislador sobre o comportamento futuro dos órgãos do Estado, um enunciado com o conteúdo de que quando um sujeito *S* assume um determinado comportamento *C* um determinado órgão do Estado infligirá uma determinada sanção contra *S*. Mais tarde, Kelsen só vê enunciados nas proposições da *ciência do Direito*, para as quais entende reservar agora a designação de 'proposição jurídica', como enunciados sobre o conteúdo de um dever ser. Quanto às *normas jurídicas*, que consequentemente não são 'proposições jurídicas', não contêm quaisquer 'enunciados, mas sim injunções, permissões e autorizações'".

Perante tais argumentos se levanta a questão da necessidade da pesquisa da compreensão epistemológica das proposições jurídicas. Por isso, adotamos esse como tema de dissertação (Dissertação apresentada ao Programa de Mestrado em Filosofia da Universidade São Judas Tadeu, para a obtenção do Título de Mestre - 2004). Nessa nova empresa consideramos de grande valia demonstrar que as proposições do direito não são única e exclusivamente prescritivas (prescrições), mas também descritivas e valorativas.

De fato, aceitar que toda proposição jurídica é prescritiva implica reconhecê-las não como formas de saber teórico no sentido de constatacão, mas como um saber prático que nos diz o que deve ser feito em tais e tais condições (FERRAZ Jr, 1980, p. 55). Afirmar que junto às prescritivas também existem proposições descritivas é aceitar que a interpretação jurídica não se limita à mera interpretação de normas, mas também à interpretação das teorias que representam todo o conhecimento ou saber jurídico existente e que forma parte da ciência do direito em qualquer circunstância (contexto), ou seja, tempo e lugar. Nisso versaria toda disputa pelo objeto da teoria da interpretação jurídica.

5.1.1.2.2 Recursos hermenêuticos

a) Aforismos jurídicos.

Também no campo teórico do direito sabe-se existir máximas das quais com frequência deduzimos determinadas proposições. Tais axiomas são premissas que se admitem como universalmente verdadeiras sem exigência de demonstração.

Os axiomas têm sua origem nos chamados brocardos ou aforismos jurídicos tomados de diferentes locuções e textos latinos, a saber: *Corpus Juris Civilis* (Institutas, Digesto, Códigos, Novelas) e outros textos jurídicos ("Institutas de Gaio", *Sententiarum ad filium* de Paulo, "Regras de

Ulpiano", "Lei das XII Tábuas", *Codex Theodosianus, Collatio legum Mosaicarum et Romanorum, Fragmenta Dositheana, Fragmenta Vaticana, Fontes Histórico-Literárias,* etc.*).*

Certo é que os brocardos jurídicos tiveram muita voga no período medieval, mas o seu prestígio modernamente é pouco menos que nulo. Para alguns juristas (Roberto de Ruggiero) os brocardos jurídicos são por vezes o mais perigoso instrumento nas mãos do juiz, desde que seja pouco experimentado na difícil arte de interpretar. Têm na verdade a aparência de princípios gerais e absolutos. Para outros (Carlos Maximiliano) o perigo está na aplicação mecânica dos adágios, na "obediência cega a dogmas tradicionais, no emprego não pensado e não consciente dos textos romanos": a jurisprudência não pode prescindir do coeficiente pessoal, do critério, do raciocínio. Cumpre verificar qual foi, na origem, o objeto da regra, conhecer o verdadeiro significado da mesma, empregá-la com pleno conhecimento de causa e senso de oportunidade, restringi-la aos casos que efetivamente abrange". (SILVEIRA, 1968, p. 384-385)

Já para Limongi França (1969), critério com o qual também concordamos, os brocardos jurídicos têm uma extrema importância tanto para o conhecimento do direito como para a aplicação prática do Direito Positivo. De fato, explica o autor, existe uma notável aproximação entre a noção de brocardo jurídico e a de princípio geral de direito. Entretanto, algumas distinções devem ser feitas. Primeiro, cumpre lembrar que os brocardos jurídicos, por si sós, não abrangem a totalidade dos princípios gerais de direito, bastando considerar, para a comprovação disto, de um lado, a longevidade dos axiomas e, do outro, os últimos avanços da ciência jurídica, por exemplo, no campo do Direito Administrativo e do Direito Social, cujas conquistas deram azo ao afloramento de princípios gerais de direito até então não vislumbrados. Por exemplo, o da condenação da teoria do salário-preço e do trabalho-mercadoria. Assim, os aforismos jurídicos contribuem no entendimento da natureza de cada instituição jurídica, no fundamento do uso de cada termo e das regras que o direito histórico-tradicional tem acolhido para a interpretação e aplicação das normas jurídicas. A respeito desses brocardos veja-se a obra "Interpretação Jurídica", de minha própria autoria onde, pela sua importância e utilidade teórica, elencamos alguns deles.

b) Princípios gerais do direito.

A compreensão do direito como um sistema justifica a presença de certos princípios que se dizem reguladores da atividade interpretativa e integrativa das normas. Assim sendo, os princípios gerais do direito são considerados critérios gerais ou fins que informam a melhor maneira de interpretar e aplicar as normas jurídicas.

Para DIEZ-PICAZZO, (1995, p. 103) os princípios gerais são inspiradores do Direito Positivo, não são exclusivamente critérios diretivos, nem juízos de valor, nem ditados da razão, são autênticas normas que se vinculam a uma norma fundamental e à consciência social. Tais princípios fornecem modelos de conduta relativos à dignidade, ao respeito das pessoas, ao dever de indenizar os danos culposos; ao dever de restituir o enriquecimento injusto, ao exercício dos direitos conforme a sua função social, etc.

Diz-se igualmente que "todo conjunto harmônico de regras positivas é apenas o resumo, a síntese, o *substratum* de um complexo de altos ditames, o índice materializado de um sistema orgânico, a concretização de uma doutrina, série de postulados que enfeixam princípios de uma doutrina. Constituem estes as diretivas idéias do hermeneuta, os pressupostos científicos da ordem jurídica". (MAXIMILIANO, 1996, p. 295)

De fato, os princípios gerais nos auxiliam na distinção do verdadeiro uso dos termos e a intenção respeitada dos legisladores, servindo para orientar as legislações de todos os sistemas de direito, pelo seu reconhecimento universal.

Desta forma, "recorre o aplicador do texto aos princípios gerais: a) de um instituto jurídico; b) de vários institutos afins; c) de uma parte do Direito Privado (Civil ou Comercial); ou de uma parte do Direito Público (Constitucional, Administrativo, Internacional, etc.); d) de todo o Direito Privado, ou de todo o Direito Público; e) do Direito Positivo, inteiro; f) e, finalmente, do direito em sua plenitude, sem distinção nenhuma". Vai-se gradativamente do menos ao mais geral: quanto menor for a amplitude, o raio de domínio adaptável à espécie, menor será a possibilidade de falhar o processo. (MAXIMILIANO, 1996, p. 295-296)

Consideramos, pois, que os princípios gerais do direito são pilares do ordenamento jurídico, isto é, critérios que deveriam ser seguidos pelo intérprete e pelo aplicador do direito. É ponto pacífico que a Lei de Introdução do Código Civil se dirige a todos os ramos do direito positivo, exceto naquilo que for diversamente regulado pelas diferentes disciplinas jurídicas. Assim, o preceito de que, à falta de lei, o juiz decidirá segundo a analogia, os costumes e os princípios gerais de direito, exceto nos direitos penal e fiscal, que não admitem o costume e a analogia como processos de integração das incriminações e das imposições fiscais. Não só o art. 4º da Lei de Introdução do Código Civil, mas também o art. 8º da Consolidação das Leis do Trabalho invocam, para a solução dos casos omissos, os recursos aos princípios gerais do direito. Neste último corpo jurídico se dispõe a equidade e outros princípios e normas gerais do direito. Ainda, essa aproximação entre equidade e princípios gerais é negada por alguns doutrinadores e aceita por outros. Assim, para alguns os princípios gerais do direito revelam-se, objetivamente, à investigação científica. A equidade é expressão subjetiva da idéia de justiça, que atenua a dureza da regra jurídica. (SILVEIRA, 1968, p. 381)

Poder-se-ia afirmar que a generalidade é a característica essencial de tais elementos auxiliadores. A verdade é que o caráter geral dos princípios é muito maior do que as regras, pois eles, os princípios, se fazem valer para séries indefinidas de situações. Já as regras valem para séries definidas de casos. Assim sendo, por meio de regras gerais, selecionamos, interpretamos a aplicação da norma jurídica com maior precisão. Já os princípios podem estar referidos a valores, tais como, boa-fé, justiça, equidade, respeito às pessoas e a seus direitos fundamentais, ordem política, igualdade perante a lei, etc. (FERRAZ Jr, 1980, p. 79-80)

Em suma, na maioria das constituições modernas podem ser observadas uma série desses princípios, por exemplo:

- Artigo 10,1 da Constituição Espanhola de 1978: "a dignidade da pessoa", "o livre desenvolvimento da personalidade", "o respeito à lei e os demais fundamentos de ordem política e de paz social".

- Artigo 1º, 3º e 5º da Constituição Federal Brasileira: "a dignidade da pessoa humana", "os valores sociais do trabalho e a livre iniciativa", "a liberdade, justiça e solidariedade", "a igualdade", "o direito de propriedade", etc.

Também podemos encontrar normas jurídicas inspiradas nos princípios gerais de direito, mas também nas leis particulares eles podem exercer sua influência, por exemplo:

- Artigo 1.255 e 1.902 do Código Civil espanhol se reconhecem: "a liberdade contratual", "a autonomia da vontade", "a obrigação de reparação dos danos".

- Artigo 1º do Novo Código Civil Brasileiro: "toda pessoa é capaz de direitos e deveres na ordem civil".

5.1.1.2.3 Principais problemas do modelo hermenêutico

Na própria redação do texto da Lei, o legislador pode cometer certos erros relativos à racionalidade jurídico-formal e à racionalidade pragmática, que estão muito relacionados com a qualidade técnico-jurídica da Lei. Assim, fala-se da racionalidade e da irracionalidade da lei (comunicação deficiente entre o legislador e os destinatários das normas). Nesse contexto, uma lei é irracional ou não-racional na medida em que fracassa como ato de comunicação, pelo que incrementar a racionalidade da legislação significará a utilização de conhecimentos procedentes da linguística, da lógica, da informática ou da psicologia cognitiva.

Ao determinar o sentido gramatical do texto normativo (literal ou vocabular das palavras, com o auxílio da doutrina) podemos enfrentar alguns problemas:

a) Termos vagos.

Existem termos vagos numa norma quando desconhecemos a intenção concreta do legislador, ao utilizar palavras que geram dúvidas, pela incerteza de poder incluí-las ou não dentro de um significado. Como sabemos, a norma não é um pedido, nem tampouco um simples conselho jurídico. Por isto, os legisladores têm que ser cuidadosos, por exemplo, com o uso dos termos "dever" e "poder" nos textos, ao orientar determinadas condutas, ao permitir ou ao proibir determinados atos jurídicos.

Ao se referir aos termos vagos, Genaro R. Carrió (1990) demonstra que aqui a incerteza na aplicação ou interpretação de certas palavras não tem como causa o desconhecimento de seus sentidos, porque sobre eles não temos dúvidas. O que ocorre, afirma, é que não se sabe onde termina o campo de aplicação das palavras; esta situação acontece quando as palavras têm como critério relevante de aplicação a presença de uma característica ou propriedade em que os fatos ocorrem de forma contínua, como a idade, a altura, ou o número de fios de cabelos que um homem deve ter; para determiná-los nos valemos de palavras ou expressões tais como, "jovem", "adulto", "ancião", "homem de idade", "pessoa madura", "alto", "baixo", "calvo", etc.

A questão, segundo o autor citado, é que já se sabe o que quer dizer "jovem" ou "calvo" e por isso não se trata de um problema de ambiguidade. O problema é outro, pois carecem de sentido determinadas perguntas tais como, qual é a idade precisa em que se deixa de ser jovem, quantos fios de cabelos há que se ter para não ser calvo ou quanto há que se medir para ser alto; devido a isso temos uma ampla quantidade de casos possíveis, frente aos quais não sabemos o que fazer.

b) Termos ambíguos.

Em princípio, é considerado ambíguo aquilo que pode ser entendido de vários modos, ou aquilo que admite distintas interpretações, trazendo, por conseguinte, motivos de dúvidas, incerteza ou confusão. A ambiguidade deriva quase sempre de algum descuido na redação do texto da lei, pela utilização de palavras ou frases incorretas ou por ser deficiente a colocação dos termos ou dos sinais de pontuação.

De acordo com a técnica legislativa, afirma Aguiló ([s.d.], p. 93-94), é comum distinguir três tipos de ambiguidades:

- A ambiguidade semântica: refere-se ao uso de palavras que têm pluralidade de significados.

- A ambiguidade contextual: existe quando um determinado texto é suscetível de ser interpretado de diversas maneiras. Sua origem pode ser diversa, podendo haver ambiguidade do contexto quando em um texto se utiliza uma palavra que tem vários significados (ambiguidade semântica), não permitindo determinar a qual deles se faz referência.

- A ambiguidade sintática: origina-se do caráter impreciso que na linguagem natural normalmente têm as conectivas "e", "ou", "sim", "então", "a menos que", etc., ou seja, tudo o que gera problemas interpretativos. No entanto, deve-se prestar atenção fundamentalmente à ambiguidade do contexto e à sintaxe, pois a semântica só é problemática quando gera ambiguidade no contexto.

Neste sentido, Genaro R. Carrió (1990, p. 28-29), em suas "Notas sobre direito e linguagem", reconhece que nem todas as palavras são usadas, em todos os contextos, para conotar as mesmas propriedades; como exemplo indica que a palavra rádio pode significar "equipamento elétrico que serve para escutar músicas e notícias", "metal descoberto pelo casal Curie", "a metade do diâmetro", "a ação de certa influência política" ou "a rádio central da cidade".

Também é certo que "a palavra direito, como se sabe, emprega-se num duplo sentido: no sentido objetivo e no sentido subjetivo. O direito no sentido objetivo é o conjunto de princípios jurídicos aplicados pelo Estado à ordem legal da vida. O direito, no sentido subjetivo, é a transformação da regra abstrata no direito concreto da pessoa interessada" (IHERING, 1996, p. 3). Uma norma é obscura se nela há palavras ambíguas ou conceitos equívocos.

Manuel Atienza ao se referir à racionalidade linguística afirma que, vendo a legislação como um processo de comunicação e a lei como uma série de enunciados, seu conteúdo deve ser claro de maneira a não conter termos ou frases ambíguas (que possam ser interpretadas de mais de uma forma), ou conceitos intoleravelmente vagos (isto é, que gerem incerteza excessiva quanto à determinação de seu campo de aplicação). O significado da ambiguidade e do termo vago nasce de conceitos distintos: a ambiguidade se predica das palavras e os termos vagos dos conceitos designados por elas. Assim, uma expressão é ambígua quando pode ser usada em diversos sentidos, por exemplo, a palavra "direito" resulta ambígua porque pode significar "conjunto de normas" ou "faculdade de fazer uma ação", etc. (ATIENZA, 1993, p. 201)

c) Contraditoriedade.

Sendo possível o uso de um termo em sentidos divergentes em situações idênticas fala-se de contraditoriedade. Assim, normas contraditórias produzem obscuridade e dificuldade na sua interpretação, limitando toda possibilidade de compreensão de seu sentido e da aplicação (integração) por parte dos juízes.

Para Tércio Sampaio dois textos são contraditórios se não podem ser afirmados, em qualquer situação, ao mesmo tempo, sob pena de falta de sentido, pois se excluem mutuamente. A contraditoriedade é um problema analítico no sentido da lógica formal (que não se confunde com analítica jurídica), exigindo a constituição de um sistema formal, rigorosamente construído. (FERRAZ Jr, 1980, p. 76)

d) Incoerência.

Uma norma é incoerente quando é inconsistente, portanto não há coerência em uma norma que autoriza e limita o desempenho de uma determinada atividade. A incoerência normativa se distingue da validade. Uma norma pode ser válida, porém incoerente. Uma norma pode ser coerente, mas não válida. Portanto, a coerência normativa não é verificada por razões estruturais ou formais, mas de conteúdo.

A incoerência normativa, a rigor, é um tipo de conflito em que - segundo Alchourrón e Bulygin (*apud* Aguiló, [s.d.], 58) - é impossível satisfazer duas ordens, pelas quais se autoriza e se proíbe fazer a mesma coisa. No entanto, se um mesmo sistema contém ambas as ordens, então é incoerente, já que contém uma contradição, a promulgação de uma norma e sua rejeição é incompatível.

e) Incompatibilidade.

Um dos principais problemas do direito é o da incompatibilidade, problema que também limita, em extremo, a interpretação e aplicação das normas.

De acordo com Tércio, o problema da incompatibilidade é analítico e empírico. Assim, a oposição entre dois textos incompatíveis não decorre apenas da sua oposição formal, mas exige uma referência a uma situação. Não há incompatibilidade entre as normas que prescrevem a pena de morte em um país *A* e as que a proíbem no país *B*. Há incompatibilidade entre norma que se opõe e que não se corresponde com a situação que regula. Desta forma, vemos ligado o princípio da coerência ao princípio da compatibilidade, pois uma norma coerente deve também ser compatível com a situação que se regula.

f) Antinomia.

A situação das normas incompatíveis é uma dificuldade tradicional que os juristas têm enfrentado e tem uma denominação própria: antinomia (BOBBIO, 2001). Antinomia jurídica é a presença de duas normas conflitantes, sem que se possa saber qual delas deverá ser aplicada ao caso singular. (DINIZ, 1998, p. 19)

Refere-se àquelas normas que conflitam com alguma outra norma, criando uma situação que pode ser denominada como redução ao absurdo, quando o argumento, ainda que correto, inevitavelmente nos leva a uma conclusão contraditória.

Existe conflito normativo quando uma norma determina uma conduta como devida e outra obriga a uma conduta incompatível com a primeira. Neste sentido, afirma Juan Ruiz Mareno (*apud*, AGUILÓ, [s.d.], p. 30), "há conflito quando o cumprimento de uma norma exclui o cumprimento de outra".

No tema dos conflitos normativos se criou uma importante teoria que explica os tipos de conflitos de normas e os tipos de solução interpretativa, a saber:

a) conflito diacrônico entre normas do mesmo grau;

b) conflito sincrônico e total-parcial entre normas do mesmo grau;

c) conflito sincrônico e total-total entre normas do mesmo grau; e

d) conflito sincrônico e parcial-parcial entre normas do mesmo grau.

Os conflitos diacrônicos entre normas do mesmo grau são aqueles que se manifestam entre as normas que foram promulgadas em tempos diferentes, pelo que a norma posterior, como princípio, derroga a anterior, de tal maneira que "se suprime a validade da norma anterior". (AGUILÓ, [s.d.], p. 32)

Os conflitos sincrônicos e total-parcial entre normas do mesmo grau se explicam quando ambas as normas foram promulgadas de maneira simultânea e por um ato de um mesmo órgão. Aqui não se pode aplicar o princípio da lei posterior e, neste caso, uma norma limita a validade da outra. (KELSEN, *apud*, AGUILÓ, [s.d.], p. 33)

O conflito sincrônico e total-total entre normas do mesmo grau indica que nenhuma das normas pode ser aplicada, sob nenhuma circunstância, sem entrar em conflito com a outra. Já o conflito sincrônico e parcial-parcial entre normas do mesmo grau é aquele que se apresenta quando cada uma das normas tem um campo de aplicação que entra em conflito com a outra, porém tendo também uma parte adicional de aplicação que não produz conflitos. (ROSS, *apud*, AGUILÓ, [s.d.], p. 34-35)

Muito relacionado com o tema dos conflitos e contradições entre as normas jurídicas para o caso da interpretação, o professor Daniel González em sua obra "Ação e Norma em G. H. von Wright" expõe a lógica de Bentham, como uma mecânica que se pode chamar de lógica do "legislador racional", que responde ao problema da verdade ou falsidade, isto é, para facilitar o conhecimento quando o conteúdo da norma é contraditório. Por isto afirma que "o legislador que promulgou simultaneamente duas normas, mutuamente contraditórias, está atuando irracionalmente". (GONZÁLEZ, 1995, p. 418)

Esta mecânica possibilita conhecer a contraditoriedade das normas e verificar a unidade e coerência dos textos (regras) criados pelo legislador. Na citada obra se apresenta uma interessante lógica da vontade do legislador, explicando-se a contradição, a contrariedade, a subcontrariedade e a subordinação entre as normas.

Nessa problemática, como nos ensina Maria Helena Diniz (1998, p. 14), vale consignar que "o conflito entre uma norma que determina um certo comportamento como devido (p. ex. adultério deve ser punido; homicídio deve ser punido com prisão) e outra que impõe também como devida outra conduta, inconciliável com aquela (p. ex. adultério não deve ser punido; homicídio deve ser punido com a morte), não é uma contradição lógica, embora seja usual dizer-se que ambas se contradizem. O princípio lógico da não-contradição é aplicável à asserção que pode ser verdadeira ou falsa e uma contradição lógica entre duas asserções consiste em que apenas uma ou outra pode ser verdadeira, logo, se só uma delas é a verdadeira, a outra terá de ser falsa. Uma norma não é verdadeira nem falsa, mas válida ou inválida. O conflito de normas pressupõe que ambas as normas conflitantes sejam válidas, pois do contrário não haveria conflito".

Para resolver o problema das antinomias, do ponto de vista da aplicação do direito, propõem-se várias regras técnicas ou operacionais através das quais a incompatibilidade é reconhecida:

a) entre normas que ordenam e proíbem fazer alguma coisa;

b) entre normas que ordenam fazer e não permitem fazer alguma coisa; e

c) entre normas que proíbem e permitem fazer alguma coisa.

Igualmente existe uma tipologia de antinomias por meio da qual se referem os seguintes conflitos normativos:

1. Conflito surgido da relação que existe entre uma norma que obriga e outra que proíbe o mesmo ato.

2. Conflito surgido da relação que existe entre uma norma que obriga e outra que permite um mesmo.

3. Conflito surgido da relação que existe entre uma norma que proíbe e outra que permite o mesmo ato.

Observe-se que o conceito de antinomia caracteriza as normas que pertencem ao mesmo ordenamento e que têm o mesmo marco de validade temporal, espacial, pessoal e material. Portanto, a antinomia produz incerteza jurídica e falta de ordem ou de relação no conteúdo de uma disposição normativa.

Para resolver o problema das antinomias Norberto Bobbio (1987, p. 202) propõe os seguintes critérios: a) o critério cronológico; b) o critério hierárquico; e c) o critério da especialidade. O primeiro se refere ao princípio da *lex* posterior, pelo qual entre duas normas incompatíveis prevalece a mais recente (a norma posterior), pois sempre será válido o último ato no tempo. O segundo sentido é dirigido à *lex* superior e expressa que, na incompatibilidade de duas normas, a superior revoga a inferior. No terceiro sentido, o conflito entre normas gerais e especiais é resolvido fazendo com que predominem as especiais, sendo revogada aquela parte da norma geral que contradiz as especiais. Como se observa, dá-se importância ao sentido cronológico quando as normas incompatíveis são sucessivas; ao hierárquico quando as normas incompatíveis estão em níveis diferentes; e ao da especialidade quando são conflitos entre normas gerais e especiais.

Pode-se dar o caso, como afirma Bobbio, de conflitos entre normas contemporâneas, gerais e colocadas em mesmo nível. Quando isto acontece, nenhum dos três sentidos ajuda. Sirva como exemplo o caso das normas gerais e incompatíveis de um Código, para o qual busca-se, embora não exista uma regra generalizada, observar o critério imperativo, proibitivo e permissivo que guia a prevalência; deste modo a incompatibilidade existente entre uma norma imperativa ou proibitiva e outra permissiva é resolvida fazendo predominar a permissiva sobre as demais. Esta é uma questão bastante incômoda para o intérprete, que deve favorecer as faculdades e liberdades diante das sanções.

Também nos conflitos entre duas normas imperativas e proibitivas (uma que obriga a fazer algo e outra que proíbe fazer a mesma coisa), elas devem ser eliminadas mutuamente, pois o comportamento antes de ser ordenado ou proibido é considerado permitido e lícito. Para o caso de conflitos entre os diferentes sentidos, é aconselhável que o hierárquico e o da especialidade prevaleçam sobre o cronológico e o hierárquico sobre o da especialidade (justiça).

O problema da antinomia também afetada a eficácia, pois uma norma exclui a aplicação da outra, e como muitos filósofos afirmam a coerência não é condição de validez, porém de justiça e de certeza, porque ela afeta a paz jurídica e a ordem social.

Resumindo, a descoberta de uso de termos ambíguos e vagos resultam da interpretação gramatical. A procura pela coerência e a contraditoriedade se converte numa ferramenta elementar da interpretação lógica.

Contudo, a procura pela coerência normativa e pela compatibilidade entre normas e as determinadas situações jurídicas implica o esforço de interpretação uma norma em face de uma situação factual, tal fato nos conduz a um outro modelo, o modelo empírico ou de aplicação ou integração do direito.

5.2.2 A aplicação do Direito

O direito é uma forma de refletir a realidade social, pois é o produto de um desenvolvimento histórico e cultura da sociedade. Direito e sociedade existem numa relação dialética; por esta razão, o texto legal tem que se adaptar às vivências práticas e à riqueza das relações sociais e econômicas.

As normas jurídicas e sua interpretação não podem estar divorciadas da realidade social e econômica que inspirou sua criação, pois a falta de integridade do direito afeta também sua eficácia social. Por isso mesmo, os fatores sociais são considerados decisivos para o processo de interpretação do direito e de suas normas.

A interpretação jurídica está condicionada às proposições que significam a realidade social. Assim, de forma indireta, ao interpretar estaremos conhecendo e avaliando a organização social.

Comumente os conceitos de integração e aplicação do direito são situados no mesmo nível. Contudo, define-se a aplicação do direito como sendo o ato de enquadrar um caso concreto à norma jurídica adequada. A aplicação é, portanto, o centro da atividade judicial, onde o juiz, como ato final, se ocupa do exame do conteúdo da norma e de sua aplicação a um caso concreto.

Já o conceito de integração parece estar vinculado à concepção e necessidade de existência do direito integral (integridade jurídica). A integração do direito origina-se pela falta de clareza, pelas insuficiências e imperfeições das normas jurídicas como causa direta das lacunas nas leis. Entende-se assim que ao aplicar a norma jurídica o operador também integra o direito, por meio de um dado silogismo e analogia que geralmente se desenvolve tal processo. Pelo silogismo, concluímos que, para um caso concreto, se reserva uma sanção prevista. Pela analogia se admite poder encontrar na lei uma regra específica, para quando haja um caso não especialmente regulado por ela.

Em efeito, quando se aplica o direito se verifica a correspondência entre um caso concreto e uma norma jurídica. Esse procedimento consiste em submeter o conteúdo prescritivo da regra jurídica a um fato concreto da realidade.

Contudo, no processo de suprir as lacunas normativas, o juiz apela para a auto-integração e para a heterointegração das leis, decidindo o caso conforme o prescrito na Lei de Introdução às Normas do Direito Brasileiro[1], isto é, de conforme a analogia, os costumes e os princípios gerais de

---

[1] BRASIL. Lei de Introdução às Normas do Direito Brasileiro. Disponível em: http://www.planalto.gov.br/ccivil_03/decreto-lei/Del4657.htm. Acesso em: 05, 08, 2015.

direito. A heterointegração da lei consiste em preencher as lacunas do ordenamento jurídico positivo com auxílio de princípios do direito, a doutrina, a jurisprudência os usos (e costumes), a equidade e o direito comparado. Neste procedimento o juiz faz uma interpretação extensiva da norma, procurando satisfazer a tarefa análoga à atividade desempenhada pelo legislador, em relação a um caso particular e concreto.

Vale destacar que pela integração não se estabelece o significado de uma norma, mas se substitui ou se corrige um defeito material normativo. Por isso, o tema geral da integração das normas é conhecido pelo nome de lacunas do direito e abarca também o modo ou procedimento para o preenchimento dessas lacunas (DIEZ-PICAZZO, 1995, p. 121-122). Vê-se que a prescrição normativa há de se relacionar com a realidade socioeconômica albergada na vida social. Portanto, o objetivo do interprete, consiste basicamente em desvendar o sentido e o alcance do preceito legal em relação a uma realidade social e ao caso concreto.

5.2.2.1 Fases da aplicação ou integração

O processo de aplicação da lei, ensina Carlos Maximiliano (1996, p. 8), não prescinde da hermenêutica, pois a primeira pressupõe a segunda. Em princípio, antes de aplicar devemos interpretar, isto é, devemos determinar o sentido e alcance da norma para poder adaptar seu preceito a um caso concreto. Tais processos pressupõem:

1. uma atividade crítica que se desenvolve com o intuito de verificar a autenticidade e constitucionalidade da lei, regulamento ou ato jurídico;
2. uma interpretação, a fim de descobrir o sentido e o alcance do texto;
3. o suprimento das lacunas;
4. o exame das questões possíveis sobre ab-rogação ou simples derrogação de preceitos, bem como acerca da autoridade das disposições expressas relativamente ao espaço e ao tempo.

Tecnicamente, "estabelecida a norma jurídica e tendo incidido em meio à vida real, algum problema com ela relacionado, a solução a ser dada encerra três fases distintas.

Primeira, concerne ao conhecimento da hermenêutica, isto é, ao conjunto de regras que norteiam a arte de averiguar o direito contido nas leis e nas demais formas de que ele se reveste.

Segunda, respeita a utilização dessas regras com referência ao conhecimento da norma que se tenha em vista, fase de mera interpretação do direito.

Terceira, fase final e propriamente dita da integração dos resultados do trabalho interpretativo, no caso concreto, com o fim de lhe dar a melhor solução jurídica". (FRANÇA, 1999, p. 35-36)

A escolha da norma aplicável implica uma operação que acerca o direito, ora visto como conjunto de normas, aos casos (fatos observados). O juiz se obriga a rever uma série de proposições jurídicas procurando uma solução jurídica. Nesse sentido, a interpretação não é tarefa suficiente pois a aplicação vai além da interpretação.

5.2.2.2 Sistemas de aplicação ou integração

Os procedimentos de integração (auto-integração e heterointegração) do sistema jurídico têm a ver com todos os fatores anteriormente abordados. Fala-se de uma heterointegração quando o sistema jurídico recorre a outro sistema diferente para levar a cabo a tarefa de complementação.

É um procedimento próprio de sistemas jurídicos pouco desenvolvidos que pressupõe outro melhor e mais perfeito. É o sistema dos chamados direitos supletórios, muito usado até o tempo da Codificação.

O direito romano, por exemplo, em sua função de direito comum e de razão escrita, supria as deficiências dos direitos particulares. Hoje, o sistema de heterointegração é utilizado não com respeito ao ordenamento jurídico considerado como unidade total, mas para algumas de suas partes pela relação que elas guardam entre si. Desta feita, o Código Civil é supletório de outros corpos legais e nas relações entre estes se produzem também formas de heterointegração por remissão de uns a outros. Por isso o Código de Comércio se remete ao Código Civil, na matéria processual, etc.

A auto-integração do sistema pode ser feita através de diferentes métodos para se lograr a expansão lógica do direito positivo, expansão esta que coincide com o que em termos gerais pode ser chamado método analógico e é o preconizado sobretudo pela concepção rigidamente positiva do ordenamento que não admite a existência de outras normas que não as positivamente estabelecidas. Diferente é o sistema de integração do ordenamento mediante a busca e aplicação de princípios gerais de direito, com o que se chega ao que pode ser chamado de integração principal, pois, à falta de toda norma ou costume, sempre existirá um princípio geral de direito que seja aplicável. (DIEZ-PICAZO, 1995, p. 122)

Para Limongi França, havendo lei expressa, o problema não oferece maior dificuldade. Esta, porém, aparece quando se trata de assunto não previsto convenientemente num diploma legal, contingência a respeito da qual várias orientações se têm formado. A respeito, três são, segundo o citado autor, as orientações principais, a saber:

1. Diante da lei omissa ou obscura, o juiz deverá simplesmente declarar o autor carecedor de direito, por falta de fundamento.

2. O juiz deverá remeter o caso à autoridade competente para fazer leis, solicitando a elaboração da norma aplicável.

3. O juiz deverá julgar o pedido com base nos recursos supletivos para o conhecimento do direito, já enumerados em lei e já consagrados pela doutrina.

De acordo com o autor citado, a primeira orientação, está em completo desacordo com nossas tradições jurídicas, sendo, entretanto, de se notar que, em matéria penal, corresponde ao regime consagrado pela doutrina e pelas legislações, consubstanciado na máxima: *nullum crimen, nulla poena, sine lege*. (FRANÇA, 1999, p. 36-37)

Nota-se também que mediante a fórmula constante em diversos códigos e leis nacionais e estrangeiros por meio da qual o juiz não poderá se eximir de sentenciar ou despachar alegando lacuna ou obscuridade da lei.

Já do ponto de vista teórico-prático o estudo das técnicas interpretativas é extremamente relevante para todo jurista. Tal estudo deriva do interesse público, que exige que as leis tenham aplicação fiel ao pensamento do legislador. É de interesse público a interpretação das leis, porque nenhuma lei se faz a não ser para utilidade pública. Então, se é o interesse público que faz a lei, é necessário que ela tenha uma execução uniforme e não a pode ter sem que haja regras comuns que sujeitem o espírito dos que se acham encarregados de executá-la. (PAULA, 1984, p. 3)

Fale-se de técnicas interpretativas como sendo procedimentos interpretativos que se seguem com a finalidade de captar o sentido e alcance da proposição jurídica dentro de um determinado contexto, isto é, doutrinário ou normativo. A respeito dessas técnicas, acentua Luis Diez-Picazo (1995, p. 117), que o ponto de partida de toda interpretação é a letra (o sentido próprio das palavras) da proposição normativa, pois durante a interpretação *gramatical* cabe a aplicação das regras da semântica, que tratam de fixar o sentido ou os possíveis sentidos que possui cada uma das palavras do texto. De acordo com o citado autor, outro elemento a ser considerado é o contexto, pois o intérprete relaciona ou vincula o sentido das palavras ao contexto, constituindo-se este em outro momento da interpretação gramatical, que aqui seria sintática. A interpretação sintática não tem como objetivo a fixação do sentido de uma palavra, mas a fixação do sentido de uma proposição completa, através da coordenação gramatical que dentro dela têm as diferentes palavras e seu respectivo valor. Desta forma, o contexto é um termo com o que se alude à tradicional interpretação *sistemática*.

A interpretação segundo o contexto normativo aconselha estabelecer conexão entre todos os preceitos legislativos que tratam de uma determinada questão, por pressupor que entre eles existe uma coerência e uma interdependência. Nesse tipo de análise e pesquisa, os antecedentes históricos e legislativos (interpretação histórico-evolutiva) também são importantes, cuja invocação tem por objetivo conhecer a problemática para a qual a norma trata de dar uma solução ou, dito em outros termos, conhecer os critérios diretivos para a resolução das questões às quais se deve o surgimento da norma. Não se trata de uma reconstrução da vontade do legislador, mas de um meio para o melhor entendimento daquilo que ele ordenou (chama-se de história remota e hodierna da instituição, plasmada em anteprojetos, projetos de leis etc.).

De acordo com Francisco de Paula (1984, p. 10), durante o processo de interpretação das normas, três coisas devem ser observadas: a) a palavras; b) os pensamentos; e c) a exata conformidade destes pensamentos com a razão natural, justiça, ordem e bem geral, inseparáveis de todas as associações humanas. Assim, para o autor, os elementos de interpretação devem ser três: gramatical, lógico e científico. O primeiro diz respeito à forma exterior da lei, sua letra; o segundo e o terceiro dizem respeito à sua força íntima, seu espírito.

Têm igual importância a determinação do espírito e a finalidade das proposições e de sua referência empírico-sociológica, isto é, a observação do contexto e do tempo em que se há de aplicar as normas. A observação de tal elemento permite avaliar a série de fatores ideológicos, morais e econômicos, que revelam e plasmam as necessidades e o espírito da comunidade em cada momento histórico. O elemento sociológico obriga a um ajuste da interpretação dos preceitos, mas não a uma modificação ou não-aplicação dos mesmos.

Para melhor ordenar qualquer processo interpretativo deverão ser observadas as seguintes regras técnicas:

Primeira, determinar o sentido gramatical do texto normativo (literal ou vocabular das palavras, com o auxílio da doutrina);

Segunda, observar o sentido contextual normativo (interpretação lógica e sistemática, com o auxílio dos princípios, regras e axiomas jurídicos);

Terceira, observar o sentido contextual factual (com o auxílio dos componentes da dimensão factual).

Toda interpretação se logra mediante um conjunto de complexas e simultâneas atividades que se desenvolvem a partir da consideração das várias espécies de interpretação. A respeito, nos ensina Carlos Maximiliano (1996, p. 87), a interpretação é uma só, mas ela recebe várias denominações conforme o órgão de que procede (autêntica) ou como produto livre da reflexão (doutrinal).

Segundo os vários critérios levados em conta para a classificação das espécies de interpretação normativa, diversos autores têm destacado que ela pode ser obtida observando-se nas leis os elementos: a) agente; b) natureza; e c) extensão.

Quanto ao agente, a interpretação se classifica em: pública (aquela desenvolvida pelos poderes públicos) ou privada (aquela desenvolvida pelos particulares).

Por sua vez, a interpretação pública classifica-se em: autêntica e judicial. A interpretação autêntica é originada pelo órgão legislativo (criador do direito). A judicial (puramente executiva) é realizada pelos órgãos do poder judiciário.

Também a interpretação pode derivar da função administrativa como uma espécie distinta da interpretação comum, mas incluída na interpretação pública, aquela realizada por órgãos do poder público que não são detentores do poder legislativo, nem do judiciário. Ela pode ser regulamentar ou casuística. A regulamentar é a que se destina ao traçado de normas gerais, como a grande massa dos decretos, portarias, etc., em relação a certas prescrições das leis ordinárias. Casuística é a que se orienta no sentido de esclarecer dúvidas especiais, de caráter controvertível ou não, que surgem quando da aplicação, por parte dos aludidos órgãos, das normas gerais aos casos concretos. (FRANÇA, 1999, p. 7)

Igualmente, segundo os vários critérios doutrinários a interpretação, pela sua natureza, pode ser classificada da seguinte maneira: gramatical; lógica; histórica e sistemática.

É gramatical aquela interpretação que tem como objeto o significado e o sentido das palavras usadas nos textos, sob o fundamento de que, ainda que sejam técnicas, podem gerar dúvidas. Esta forma de interpretação naturalmente não pode ser considerada como autônoma, pois precisa articular-se com as outras espécies.

A interpretação lógica apoia-se na gramatical e se desenvolve mediante o uso da razão, para determinar o sentido das orações e parágrafos em um contexto concreto. Pode-se destacar que a interpretação lógica "tem por objeto o pensamento; sua influência está no raciocínio e na análise, pela qual decompomos o pensamento da lei, dividimo-la, criamos as espécies, que segundo as regras de direito, ou antes segundo o elemento científico, são ou não adaptadas ao seu preceito; examinamos a ordem e método seguidos na distribuição das matérias e na redação de toda a lei, de modo que se compreenda o antecedente pelo subsequente e vice-versa; explicamos as contradições, conciliando as disposições individuais da lei umas com as outras e com as de outras leis, etc". (FRANÇA, 1999, p. 11)

A interpretação histórica orienta a pesquisa para avaliar os momentos e condições em que se elaborou o texto legal, pesquisando-se as causas dos conflitos jurídicos originados nesse determinado momento e a solução que o legislador deu aos mesmos. Aqui se examinam os principais documentos derivados dos debates do órgão legislativo, tais como, atas, projetos, etc.

Quanto à interpretação sistemática, vale dizer que ela representa a natureza do estudo sistemático das normas vinculadas dentro de um ordenamento jurídico, constituindo-se por isso em uma interpretação essencial.

Quanto à extensão a interpretação pode ser: declarativa; extensiva e restritiva.

Ao se referir ao texto, qualquer que seja a fonte de sua produção, o resultado obtido pelo intérprete dá lugar a uma interpretação declarativa, se o conteúdo da norma coincide com o que se desprende de seu texto; e a outra que, a grosso modo, pode-se denominar modificativa quando introduz alguma correção. Na realidade, o intérprete não pode corrigir o conteúdo da lei, mas pode estender ou restringir sua formulação literal se resultar não-ajustada para se ajustar a seu conteúdo substancial, à sua *ratio*. (DIEZ-PICAZO, 1995, p. 120)

Mediante a interpretação declarativa o enunciado da norma coincide com o estabelecido no dispositivo. Na interpretação extensiva a fórmula legal é menos ampla do que a *mens legislatoris* deduzida. Uma interpretação é extensiva quando se estende fora dos limites do alcance do texto. Por sua vez, a interpretação será restritiva quando se encerra o significado da norma dentro de limites mais estreitos do que seu texto permite.

A interpretação extensiva e a restritiva não devem ser confundidas com a interpretação lata e a estrita. Existe interpretação lata quando a uma palavra que tem diversos significados se atribui aquele mais extenso. Estrita, pelo contrário, quando se lhe atribui o mais estrito. Com a interpretação lata e a estrita não se estende nem se restringe nada, mas, dentro dos possíveis significados das palavras, elege-se aquele que pareça mais próximo à *mens legis*. Também, pode-se dar uma interpretação pela qual se tira a conclusão de que é inaplicável (a norma jurídica) por ser incompatível com outras normas ou com o sistema (antinomias). (DIEZ-PICAZO, 1995, p. 121)

Vários são os sistemas interpretativos reconhecidos pela doutrina internacional, a saber: o dogmático, o exegético (jurídico-tradicional); o histórico-evolutivo; o da livre pesquisa ou livre criação do direito.

Dentro desses sistemas destaca-se o da livre pesquisa ou livre criação do direito; assim, segundo determinadas posições jurídico-filosóficas, cabe integrar o ordenamento, mediante o recurso, a fatores de natureza não estritamente jurídica, como são os sentimentos e os valores, as instituições ou critérios gerais de justiça, sistema este preconizado pela escola do chamado direito livre e da livre interpretação do direito, segundo a qual, à falta de norma, o intérprete deve se colocar no papel do legislador (Artigo 1º do Código Civil Suíço). (DIEZ-PICAZO, 1995, p. 123)

Fala-se igualmente de um sistema científico que, parece ser mais vasto, é o que presta ao lógico as premissas e dados para, sob a dupla relação das palavras e dos pensamentos e por meio de legítimas consequências, não só atingir o sentido normal, e sem defeitos, como adotar, dentre os sentidos possíveis, o que exprimir, com maior segurança possível, a vontade do legislador". (PAULA, 1984, p. 11)

Enfim, durante a interpretação caracterizamos a norma jurídica determinando os seus destinatários e avaliando o comportamento que nela se estabelece (caracterização do sujeito-destinatário e do objeto-ação).

A hermenêutica jurídica compõe-se de um grupo ordenado de regras de interpretação, entre as quais se destacam as legais, as científicas e as de jurisprudência.

As regras legais derivam das leis, pois estão prescritas nas diversas normas de interpretação e aplicação, localizadas em diversos instrumentos jurídicos. As regras científicas são geralmente propostas pela doutrina e assumidas pelos pesquisadores segundo sua utilidade e importância teórico-prática. Destacados hermeneutas têm reunido valiosas regras legais, também chamadas "do direito atual", dentre as quais, por exemplo, Carlos de Carvalho (FRANÇA, 1999, p. 27-28) propõe as seguintes:

1. No texto da lei se entende não haver frase ou palavra inútil, supérflua ou sem efeito.

2. Se as palavras da lei são conformes à razão devem ser tomadas no sentido literal, os referentes não dão mais direito do que aquelas a que se referem.

3. Deve-se evitar a supersticiosa observância de lei que, olhando só a letra dela, destrói a sua intenção.

4. O que é conforme ao espírito e letra da lei se compreende na sua disposição.

5. Os textos da mesma lei devem-se entender uns pelos outros; as palavras antecedentes declaram o seu espírito.

6. Devem concordar os textos das leis, de modo a torná-los conforme e não contraditórios, não sendo admissível a contradição ou incompatibilidade neles.

7. As proposições enunciativas ou incidentes da lei não têm a mesma força que as suas decisões.

8. Os casos compreendidos na lei estão sujeitos à sua disposição, ainda que não os especifique, devendo proceder-se de semelhante a semelhante e dar igual inteligência às disposições conexas.

9. O caso omisso na letra da lei se compreende na disposição quando há razão mais forte.

10. A identidade de razão corresponde à mesma disposição de direito.

11. Pelo espírito de umas se declara o das outras, tratando-se de leis análogas.

12. As leis conformes no seu fim devem ter idêntica execução e não podem ser entendidas de modo a produzir decisões diferentes sobre o mesmo objeto.

13. Quando a lei não fez distinção o intérprete não deve fazê-la, cumprindo entender geralmente toda a lei geral.

14. A equidade é de direito natural.

15. Violentas interpretações constituem fraude da lei.

As regras da jurisprudência, explica França (1999, p. 28-29) podem ser agrupadas da seguinte maneira:

1. Na interpretação deve-se sempre preferir a inteligência que faz sentido à que não faz.

2. Deve-se preferir a inteligência que melhor atenda à tradição do direito.

3. Deve ser afastada a exegese que conduz ao vago, ao inexplicável, ao contraditório e ao absurdo.

4. Há de se ter em vista o *eo quod plerumque fit*, isto é, aquilo que ordinariamente sucede no meio social.

5. Onde a lei não distingue, o intérprete não deve igualmente distinguir.

6. Todas as leis excepcionais ou especiais devem ser interpretadas restritivamente.

7. Tratando-se, porém, de interpretar leis sociais, preciso será temperar o espírito do jurista, adicionando-lhe certa dose de espírito social, sob pena de sacrificar-se a verdade à lógica.

8. Em matéria fiscal, a interpretação se fará restritivamente.

9. Deve ser considerado o lugar onde será colocado o dispositivo, cujo sentido deve ser fixado.

Por sua vez, França R. Limongi (1999, p. 30-31) também destaca outras regras, a saber:

1. O ponto de partida da interpretação será sempre a exegese pura e simples da lei.

2. Em um segundo momento, de posse do resultado dessa indagação, o intérprete deverá reconstruir o pensamento do legislador, servindo-se dos elementos lógico, histórico e sistemático.

3. Verificada a coincidência, estará concluído o trabalho interpretativo, passando-se desde logo à aplicação da lei.

4. Averiguada, porém, desconexão entre a letra da lei e a *mens legislatoris* devidamente comprovada, o intérprete aplicará esta e não aquela.

5. Se, na indagação da *mens ligislatoris*, os resultados forem diversos, cumprirá preferir aquele que seja mais vinculado à índole natural do instituto que a norma regula, bem assim como as exigências da realidade social e do bem comum.

6. Se os resultados viáveis forem ainda insuficientes, em virtude de defeito ou omissão da lei, deverá o intérprete recorrer à analogia e, quando inexequível, às formas suplementares de expressão do direito.

7. No uso dessas outras formas, será mister agir de modo semelhante ao da interpretação da lei, procurando, inicialmente, descobrir na forma exterior a exata expressão da regra supletória e sua conformidade com a intenção do órgão fautor da regra.

8. Na utilização das formas suplementares de expressão do direito, necessário se fará obedecer à hierarquia prevista na lei: costume, princípios gerais de direito, a doutrina, o Direito Comparado etc.

9. Quando houver, ainda, falta de elementos, com base nos princípios gerais de direito (do sistema positivo, do direito natural e da doutrina consagrada), o intérprete poderá construir, com vistas postas na realidade sócio-jurídica, a norma especial aplicável ao caso.

Já, Francisco de Paula (1984, p. 10), para o caso em que a lei for suscetível de diversos sentidos, propõe observar:

1. O que for mais conforme à letra da lei.

2. A natureza e importância do negócio de que se tratar.

3. O mais conforme à equidade (no direito comum).

4. o mais humano, isto é, o que possa trazer menor mal (nas leis criminais).

A declaração da vontade, como elemento essencial do negócio jurídico, é o objeto que possibilita a determinação do sentido e intenção das partes nas relações jurídicas constituídas. Assim, a interpretação da vontade (consentimento) é a essência da interpretação dos atos jurídicos.

Na teoria da geração dos atos jurídicos e mais especificamente dos contratos, precede ao consentimento (acordo de vontade) uma oferta e uma aceitação, não obstante precisa-se da convergência de ambas as vontades, razão suficiente para gerar obrigações jurídicas.

Como afirma Orlando Gomes, "no exame dos elementos constitutivos dos contratos, o consentimento apresenta-se como requisito típico, conquanto exigido, igualmente, na formação dos outros negócios jurídicos bilaterais. No contrato, porém, singulariza-se pela circunstância de que as vontades que o formam correspondem a interesses contrapostos". (GOMES, 1997, p. 8)

Em matéria de interpretação, como consequência da evolução constante da ciência, os preceitos do Direito Civil tradicional têm sofrido constantes modificações, mas, como bem assinala Carlos Maximiliano (1996, 336):

> a teoria da vontade, batida no terreno da Hermenêutica geral, resistiu, com espantosa galhardia, no campo estreito da exegese de obrigações e, com persistência mais generalizada e relativamente defensável, na dos testamentos. Entretanto, se à maioria dos bons expositores pareceu dificílimo, e às vezes impossível, descobrir a vontade do legislador, também se não antolha como promissora de resultado imediato a tarefa de revelar a intenção do estipulante, pelo menos em contrato bilateral.

A verdade é que, dentro da estrutura divisória dos fatos, atos e negócios jurídicos, os contratos e os testamentos, como expressão da vontade, também produzem consequências jurídicas. Assim, a técnica da interpretação dos negócios jurídicos está dirigida à determinação do sentido e alcance da declaração da vontade e tem como finalidade assegurar o verdadeiro efeito de negócio que o sujeito, ou sujeitos, da relação jurídica quer atribuir ao ato.

Por isso mesmo, a maior parte das declarações negociais são dirigidas a um destinatário determinado, que é, tal como o declarante, a pessoa afetada pelos efeitos jurídicos que o negócio irá produzir. E ocorre frequentemente, na prática, que cada um deles entende a declaração em sentido diferente, pondo-se assim a questão de saber qual dos dois ou mais sentidos que a declaração comporta deverá prevalecer, tornando-se decisivo e vinculante para as partes, de modo a gerar os efeitos jurídicos pretendidos, ainda que visados, ao ensejo da celebração do negócio, de forma meramente empírica ou prática. (CUSTÓDIO, 1989, p. 3)

O antecedente legislativo mais direto que influiu na criação e reprodução destas regras legais pode ser encontrado no Artigo 1.134 do *Code Napoleon*, pelo qual "os contratos têm força de lei".

Assim, o contrato válido, pelo fato de ser obrigatório, também se considera uma norma. O testamento também é obrigatório, é uma norma que obriga o executor e os herdeiros. (KELSEN, 1998, p. 50)

Esse reconhecimento do contrato, como ato colocado no mesmo nível que a lei, permitiu que suas consequências fossem avaliadas com o mesmo rigor científico-jurídico que a norma jurídica, o que ressaltou a importância da teoria da interpretação contratual que se estendeu também a todos os negócios jurídicos, sendo o contrato considerado como produtor de normas.

CAPÍTULO 6
A PESQUISA JURÍDICA

"Pesquisar para conhecer, compreender e demonstrar é saber agir. Pesquisa de campo, porque o universo jurídico abrange também a conduta humana".

Pablo Jiménez Serrano

6.1 O que é pesquisa jurídica?

Pesquisa jurídica é um processo por meio do qual inquirimos a realidade jurídica. É uma atividade necessária que, visando a renovação do conhecimento jurídico, nos permite a abordagem: *caracterização*, *explicação* e *resolução* de determinados problemas que repercutem na teoria e na prática do direito.

É por meio das pesquisas jurídicas que: a) submetemos à avaliação crítica as *doutrinas* e *normas* jurídicas, determinando o grau de correspondência (ou atualização) das mesmas, com respeito a uma dada *dimensão factual* que está em constante transformação; b) procuramos a melhor forma de explicar e compreender os problemas próprios do direito; e c) fornecemos conclusões orientadoras dos procedimentos que visam o aperfeiçoamento dos sistemas (ordem ou ordenamentos) quer nacional quer internacional.

Desenvolvendo pesquisas, o jurista se converte em protagonista direto das mudanças socioeconômicas e culturais. Eis que o aparecimento de novos fenômenos jurídicos faz evoluir a dimensão valorativa e normativa. Tudo isso exige o desenvolvimento de pesquisas que permitam avaliar o comércio (ou correspondência) existente entre o campo *teórico* e o *factual* do direito, procurando dessa forma uma harmonia entre as teorias e a prática jurídica.

Há, portanto, uma boa razão para considerar como inapropriadas as concepções por meio das quais se insiste em considerar que no direito não precisamos nem de pesquisa nem de metodologia; devido a que a realidade e problemas jurídicos são mutáveis e por isso tais pesquisas não conduzem a nada.

Talvez, se o fenômeno jurídico fosse único e sempre estável, os conceitos, teorias e valorações jurídicas seriam as mesmas, invariáveis e não conflitantes, e também as normas jurídicas seriam universais e não revogáveis. Logo, não haveria necessidade de construir regras interpretativas (hermenêutica) nem desenvolver pesquisas; pois, assumiríamos, todos, a mesma postura científico-metodológica perante os mesmos problemas. Porém, o jurista vive uma realidade totalmente contrária, o que faz imprescindíveis a pesquisa e a interpretação.

É o caráter mutante da realidade jurídica, a inexatidão dos conceitos e proposições jurídicas, a generalidade das regras jurídicas, as deficiências normativas, a saber, vagueza, ambiguidade, contraditoriedade, lacunas, falta de validade, de coerência, de eficácia, de eficiência, entre outros problemas, o que justifica a necessidade de uma metodologia para a interpretação e para as pesquisas jurídicas.

Todo trabalho científico jurídico implica a procura, análise, confronto e organização de informações com o intuito de formar conclusões e resolver problemas. Contudo, qualquer pesquisa jurídica se refere à abordagem de um objeto específico, isto é, de uma realidade ora dimensionada, onde será legítimo estudar: a) os possíveis nexos existentes entre os fenômenos jurídicos (causalidade); b) a organização e correspondência entre conceitos, proposições, concepções, modelos etc. (sistematização das teorias); c) a organização dos contextos normativos (correspondência entre normas jurídicas: validade, coerência, etc.); d) a maneira em que os conceitos, proposições doutrinárias fazem referência à dimensão factual ou socioeconômica (valor, necessidade e oportunidade dos modelos e teorias jurídicas); e) a forma em que o sistemas ou contextos normativos se correspondem com os fatos ou fenômenos (completude); e f) a forma em que conceitos, proposições, modelos e contextos teóricos se referem ao comércio existente entre normas e fatos ou fenômenos jurídicos. Eis o que justifica a existência de pesquisas teóricas e/ou empírico-críticas (de campo).

Quanto às pesquisas de campo, a coleta de dados é possível, usando-se determinadas técnicas, ainda explicadas na presente obra. Já, no caso específico das pesquisas teóricas, nos preocupamos com o estudo (análise e compreensão) de conceitos e/ou com estudo e interpretação de proposições jurídicas quer descritivas, explicativas ou valorativas quer prescritivas (normas).

Como visto, os problemas jurídicos estão muitas vezes ligados: a) às questões formais próprias da dimensão normativa (problema da validade e coerência das normas jurídicas); b) à análise e à crítica das teorias e valorações jurídicas; c) a questões associadas à fenomenologia jurídica; e d) à análise e avaliação da completude e a realização social do direito (direito em ação, o direito vivo na sociedade, eficiência, eficácia jurídica das regras e processos).

Ao observar alguns desses problemas nos permitimos delimitar um tema, levando em conta o campo de ação e os objetivos (ou propósito) da pesquisa. Para tanto, é mister desenvolver uma operação que implique a observação de como esses elementos basilares da pesquisa se vinculam.

Assim como foi explicado é de suma importância observar a relação existente entre o "quê" (objeto de estudo ou campo de ação) e o "para quê" (objetivo ou finalidade que se deseja alcançar com dita pesquisa). Tal relação, de fato, é indispensável para poder compreender e demonstrar o que estamos buscando e o objeto sobre o qual se desenvolve o processo.

Outro momento importante da pesquisa jurídica é a definição dos conceitos com os quais trabalhamos. Tudo o que estudamos é representado por conceitos e proposições, daí a necessidade de explicar o que estamos pensando, através da definição de conceitos. Isto porque nem sempre reservamos o mesmo significado para os mesmos conceitos jurídicos e porque nem sempre usamos os mesmos conceitos quando fazemos referência aos objetos e fenômenos.

6.2 Qual é a utilidade de uma pesquisa jurídica

A capacidade para resolver os problemas jurídicos de forma crítica, criadora e independente, entre outras, é condição indispensável do jurista moderno. Essa é a razão pela qual na presente seção também privilegiamos o estudo dos métodos que orientam os estudos jurídicos para, em seções sucessivas, referenciar a melhor forma de elaborar e defender nossas conclusões científicas.

O primeiro que devemos ter claro é a necessidade, importância e benefícios das pesquisas jurídicas. Os estudos jurídicos, já dissemos, nos permitem compreender a delimitação que, a respeito da natureza do conhecimento jurídico, impõe as chamadas dimensões do direito e suas relações, deduzindo assim os campos onde consideramos se desenvolve todo estudo jurídico. É por via das pesquisas jurídicas que verificamos:

a) na dimensão factual, os possíveis nexos existentes entre os fenômenos dinâmicos e estáticos;

b) na dimensão teórico-valorativa, a oportunidade das construções teóricas (conceitos, proposições e contextos);

c) na dimensão normativa, o valor, a coerência e outras deficiências internas das normas, tais como vagueza e ambiguidade dos conceitos jurídicos;

d) no comércio entre fatos, normas e teorias, a correspondência existente entre as proposições jurídicas doutrinárias e normativas e a realidade factual, deduzindo daí a atualidade das teorias e a completude do direito.

Daí vários são os problemas que no direito merecem ser pesquisados, a saber:

1. *Semânticos*, relativos à compreensão do sentido e alcance dos conceitos e proposições na linguagem jurídica, que dificultam a compreensão da relação existente entre tais construções e a realidade que elas representam.

2. *Lógicos*, vinculados às relações formais existentes entre as proposições jurídicas e mais especificamente entre proposições prescritivas.

3. *Gnosiológicos*, que se referem à validade e limite do conhecimento jurídico, por exemplo: a) problemas que impedem o estabelecimento da relação entre os fatos e as proposições jurídicas; b) problemas que limitam a determinação das relações entre os conceitos empíricos (ex. relação socioeconômica, sanção moral ou social) e teóricos (ex. relação jurídica, sanção jurídica) etc.

4. *Axiológicos*, que envolvendo valores também repercutem sobre a forma de desenvolver os processos de elaboração, interpretação, pesquisa e aplicação do direito.

5. *Metodológicos*, relativos à forma de determinar a oportunidade ou conveniência das proposições e ao modo de medir o grau de confirmação das teorias jurídicas.

Todavia, aos problemas acima expostos se vincula um grupo de importantes questões concernentes ao conteúdo factual das proposições, isto é, ao nexo existente entre os fatos jurídicos e as proposições que o representam ou mais especificamente entre a linguagem, o pensamento e a conduta.

Ora, a confiabilidade dos resultados derivados desses estudos não deve ficar dependendo exclusivamente de nossas interpretações. Eis porque as pesquisas jurídicas devem ser metodologicamente bem justificadas; para isso fazemos observar a importância dos métodos e técnicas que nos auxiliem nesse proceder, isto é, na demonstração de nossas teses ou conclusões.

Daí não ser sábio deixar que as nossas pesquisas jurídicas dependam de uma mera análise subjetiva (ou superficial). Numa posição contrária nos colocamos afirmando que a ausência de métodos de pesquisa compromete nossos resultados e tornam inviável e ineficiente a demonstração e generalização de nossas conclusões.

6.3 Etapas da pesquisa jurídica

Toda pesquisa, como vimos na primeira parte do presente livro, se desenvolve levando-se em consideração um conjunto de fases, tarefas e ações, tudo isso procurando uma execução lógica e coerente do processo, percorrendo caminhos que nos permitam encontrar alguma solução para os problemas científicos.

Algumas dessas fases, tarefas e ações estão referidas ao delineamento teórico da pesquisa, observando-se, por exemplo, uma dada situação problema, a formulação de um problema científico-jurídico e do tema, a construção de hipóteses, a determinação do objeto, dos objetivos e das justificativas e escolha dos métodos de pesquisas. Outras etapas, porém, têm a ver com a coleta de informação, análise de dados e generalização de resultados, e ainda com a redação parcial e definitiva dos relatórios que serão mostrados ao orientador.

Assim, nas pesquisas jurídicas observamos dois grandes momentos:

Primeiro, aquele que antecede a demonstração dos resultados, isto é, o conjunto de operações ou procedimento por meio dos quais projetamos e desenvolvemos as pesquisas;

Segundo, aqueles onde especificamente nos preocupamos com a redação do documento científico que finalmente apresentamos e defendemos as monografias: Trabalho de Conclusão de Curso, Dissertações e Teses.

A tomada de decisões para a execução da pesquisa jurídica fará possível a configuração do processo levando em consideração as seguintes etapas:

1. Caracterização, momento no qual descrevemos, isto é, conceitualizamos, denominamos, definimos, classificamos, enunciamos e fundamentamos (justificamos) a existência de uma dada situação problema e de um objeto de estudo.

2. Explicação, quando estudamos o objeto da pesquisa dentro de um dado contexto teórico, histórico ou normativo, isto é, analisamos, criticamos, aprovamos, rejeitamos etc. determinados contextos teóricos ou avaliamos, confrontamos ou comparamos determinados contextos normativos.

3. Resolução do problema, onde propriamente damos solução ao problema científico, isto é, concluímos, retificamos, propomos ou recomendamos uma solução para o problema estudado.

Tais etapas são consideradas como basilares do processo de pesquisas e, portanto, devem ser executadas para que o processo seja visto como acabado ou completo. A execução das mesmas consiste no aparecimento contínuo de um número de atividades interdependentes, a primeira determinando, em boa parte, a natureza da última e, não levar em consideração esta interdependência, pode resultar no surgimento de sérias dificuldades que impossibilitariam a conclusão do estudo. (SELLTIZ, 1965, p. 24)

É bom destacar que tanto esta divisão como a denominação etapa são meros recursos que nos permitem observar como estão organizadas as pesquisas. Elas não são meras atividades isoladas, fechadas ou rígidas, umas dependem logicamente das outras e todas se complementam dentro do processo. Portanto, todas são importantes, pois na prática nos ajudam a considerar a integralidade do processo de pesquisa.

Entre as atividades (tarefas e/ou ações) correspondentes a cada uma das etapas anteriormente referidas podemos destacar as seguintes:

a) Escolha do ramo de direito e, dentro deste, o assunto e temas jurídicos a ser pesquisado, o que requer a busca do material mínimo para trabalhar, leituras prévias para possibilitar a precisão e delimitação do tema. Aqui recomendamos a leitura das obras, relevantes históricas e contemporâneas que mais se vinculam ao assunto escolhido: doutrinas, dissertações, teses, jurisprudência, etc. É também importante a consulta a especialistas e a revisão das informações contidas na *internet*;

b) Configuração da bibliografia de trabalho, levantamento bibliográfico inicial da pesquisa, constatando-se a existência ou não de material bibliográfico suficiente;

c) Construção de um guia temático (sumário provisório), também chamado de hipótese de trabalho, que nos permitirá direcionar a pesquisa e saber o que estamos buscando;

d) Acesso ao material e leitura (fontes bibliográficas) para extrair dele os dados ou informações indicadas no guia temático. Aqui se começa o processo de fichamento das informações relevantes que serão citadas ou referenciadas no nosso trabalho;

e) Observação do crescimento e qualidade do fichário com respeito ao guia temático ou sumário provisório, para evitar que alguma parte do mesmo fique sem material suficiente para seu desenvolvimento;

f) Revisão final do fichário concluído, organização das fichas na ordem indicada pelo guia temático;

g) Redação de relatórios, que discutirão com o professor orientador;

h) Redação da versão definitiva do documento científico que será apresentado e defendido perante uma banca.

Como se observará, o desenvolvimento de cada tarefa tem um período de execução e cumprimento, daí que o planejamento das mesmas deva ser obrigatoriamente descrito no cronograma da pesquisa.

De acordo com o nível de conhecimento que queremos alcançar, isto é, os possíveis resultados esperados, deve-se desenvolver uma adequada seleção e utilização de métodos e técnicas. Assim, por exemplo, se deverá:

a) analisar e caracterizar as obras (textos, documentos, investigações já realizadas, monografias, legislações, etc.), tudo o que nos permitirá qualificar e estudar comparativamente um problema de ordem teórica ou normativa, determinando assim a oportunidade, contradições, lacunas jurídicas etc.;

b) determinar a relação que existe entre teorias e normas jurídicas, tudo o que nos permitirá deduzir as possíveis soluções dos problemas jurídicos estudados e a determinação dos meios e vias existentes para a solução dos conflitos jurídicos;

c) caracterizar o tipo de nexo existente entre os fenômenos jurídicos, com o intuito de circunscrever os possíveis conflitos que motivaram a pesquisa e, observada a completude do direito, propor dentro de um marco teórico as bases legislativas que possibilitem a elaboração de futuros projetos legislativos.

6.4 Tipologia de pesquisa jurídica

Diversas são as teorias por meio das quais se nos propõem variados tipos de pesquisas. Ora falamos de uma tipologia específica de pesquisas jurídicas que se faz depender do objeto estudo, dos objetivos planejados e da finalidade de seus resultados esperados. Assim, elencamos os seguintes tipos:

1. Pesquisas teóricas, aquelas que exclusivamente tem como centro o trabalho bibliográfico, textual ou documental com o intuito de estudar:

a) a vida e obra de um autor (historiador, filósofo ou doutrinador), procurando avaliar a utilidade de suas idéias e métodos para a atividade jurídica hodierna;

b) a história e as doutrinas jurídicas, com o intuito de analisar, confrontar, enriquecer e reconstruir as teorias e concepções e/ou procurar explicar ou compreender determinado fenômeno ou problema jurídico;

c) um dado contexto normativo ou sistemas de normas (ordem ou ordenamento jurídico), com a finalidade de avaliar a validade, coerência ou sistematicidade dos mesmos, verificando também a forma dos sistemas ou ordenamentos diferentes;

d) vários contextos teóricos ou normativos, procurando por meio da comparação compreender as formas em que se descreve ou prescreve um dado fenômeno ou situação jurídica em vários sistemas nacionais (comparativismo jurídico).

2. Pesquisas empíricas ou *sócio-jurídicas*, também chamadas de pesquisas de campo aplicadas à prática social, as quais se realizam com o intuito de abordar um número determinado de pessoas (operadores do direito, professores, reclusos, etc.), comunidade, prisões, instituições jurídicas, partindo de uma determinada amostragem e usando-se os seguintes instrumentos: questionários, estatísticas, entrevistas etc.

3. Pesquisas mistas (ou alternativas) que resultam da combinação dos tipos anteriores para as quais também se usam métodos teóricos e empírico-críticos.

Em suma, as pesquisas em direito podem ser dogmático-formalistas (teóricas) e realista-sociológicas (empíricas), segundo se acentuem os efeitos conceituais ou reais das instituições e normas jurídicas. Dentro desses dois grupos, afirma Jorge Witker, encontram-se as históricas, as comparadas, as descritivas, as exploratórias, as prospectivas, etc. (WITKER, [s.d.], p. 23)

Cada uma dessas classificações denota os fins para os quais as pesquisas se desenvolvem, isto é, o problema que se aborda e os objetivos traçados para resolver esse problema. As pesquisas teóricas, por exemplo, procuram constatar a forma em que as teorias fazem referência a uma ordem jurídica do presente ou do passado; aqui o objeto de pesquisa estará constituído pelas normas jurídicas revogadas e vigentes, a história jurídica e a doutrina anterior e contemporânea. Já o objeto das pesquisas empíricas albergará o fenômeno jurídico que engendra uma relação humana que é relevante para o direito: relações jurídicas.

6.4.1 A pesquisa bibliográfica

Toda pesquisa científica envolve um estudo bibliográfico prévio que consiste na abordagem de um conjunto de obras - livros, folhetos, teses, revistas especializadas, etc. - com o intuito de desenvolver sobre elas dois tipos de leituras: uma geral (de reconhecimento) e outra específica (ou analítica).

A pesquisa bibliográfica não deve ser confundida com a pesquisa documental. A primeira nos permite a avaliação da maneira em que outros autores abordaram determinado assunto, é o reconhecimento da existência ou não de teorias (contexto teórico) que explica parcial ou totalmente o problema pesquisado. A segunda se refere à análise de documentos que não tem comentário nem tratamento teórico algum, podendo consistir tais documentos em registros, bases estatísticas, etc.

Assim, podemos resumir que toda pesquisa bibliográfica tem por finalidade conhecer as diferentes formas de contribuição científica que se realizaram sobre determinado assunto ou fenômeno (OLIVEIRA, 1999, p. 119). Já as documentais procuram informações secas, registradas por determinados órgãos ou instituições encarregadas de conhecer determinadas questões que estão vinculadas a nossa pesquisa. Como se observa o levantamento bibliográfico é mais amplo do que a pesquisa documental, embora possa ser realizado simultaneamente.

A abordagem da bibliografia (literatura em geral) tem suas próprias técnicas e sua adequada execução desempenha um papel predominante para a obtenção de conhecimentos cientificamente bem fundamentados. Como explicaremos ainda na presente seção, a pesquisa bibliográfica deve ter como precedente a configuração de um guia temático, também chamado de hipótese de trabalho (sumário provisório), por meio do qual nos auxiliamos no processo de seleção e leitura do material (livros, teses, dissertações etc.), que serão tidos como fontes da pesquisa e que nos ajudarão a chegar a conclusões novas.

Um estágio mais avançado do conhecimento científico localiza-se na elaboração de teorias. Estas transcendem as relações entre os dados colhidos de fatos (leis), uma vez que através das teorias pode-se interpretar um conjunto de leis que as constituem (DELIZOICOV, 1997, p. 36). "Uma teoria é um corpo amplo de proposições interconectadas sobre como uma parte do mundo social funciona". (SELLTIZ, 1987, p. 6)

Cada ciência, já explicamos, está cercada de um sistema teórico (sistema de conceitos) que serve para caracterizar, identificar, simbolizar e relacionar, durante todo o processo de pesquisa, os fenômenos que são pesquisados.

Em essência a teoria fornece um conjunto de conceitos, simbologias e classificações que, como afirma Marina de Andrade Marconi (2000, p. 46), representam as proposições e hipóteses válidas e sustentáveis.

Em sua obra *Metodologia Científica* a citada autora, seguindo as afirmações de Ferrari, destaca que a teoria é um conjunto de conhecimentos e conjecturas sujeito a modificações, que engloba uma área de interesse científico e que deve:

a) apresentar um esquema simples de interpretação e explanação;

b) conter um conjunto de conceitos desenvolvidos;

c) formar um corpo lógico a fim de agrupar fatos aparentemente desconexos.

Desta forma, afirma a citada autora, a teoria trata de explicar a relação entre os diferentes fenômenos mediante conexão lógica:

1. Estrutura lógica.
2. Regra de conotação empírica.
3. Universalidade.
4. Sistema de referência.

Assim se reconhece que o papel da teoria é provar modelos conceituais e de classificação para que os dados empíricos sejam ordenados, compreendidos e reconstruídos. (FERRARI, *apud*, ANDRADE, 2000, p. 46)

A teoria leva a cabo uma função orientadora importante para o desenvolvimento do processo de pesquisa, pois com ela se explicam as relações entre os fatos, facilitando-se assim o conhecimento das áreas que já foram pesquisadas e daquelas que ainda não foram exploradas. Nesse contexto, a teoria serve para traçar o caminho da pesquisa, reunindo-se os conhecimentos que já foram pesquisados para orientar futuras ações.

Em resumo, "a ciência progride pela refutação de idéias falsas e pelo fornecimento de apoios provisórios para idéias que vêm sobrevivendo a testes frequentes". (SELLTIZ, 1987, p. 9)

Do ponto de vista teórico os estudos da doutrina desempenham um papel importante, isto é, os estudos de caráter científico, realizados acerca da evolução e do significado das instituições jurídicas, os quais fornecem conceitos, críticas, teorias e classificações, que permitem a interpretação e a aplicação do Direito.

6.4.1.1 Fontes e etapas da pesquisa bibliográfica

Uma pesquisa bibliográfica bem executada nos ajuda a configurar o marco teórico onde, como pesquisador, desenvolvemos.

As pesquisas bibliográficas, executadas nas universidades, por exemplo, são orientadas para que os estudantes possam se aprofundar nos diferentes temas, assuntos ou problemas científicos propostos pelo docente, ou surgidos durante o desenvolvimento das aulas e da experiência prática. Isso não significa que nas universidades não possam ser desenvolvidos estudos empíricos ou de campo.

Nas pesquisas bibliográficas abordamos a literatura que se sabe relevante e vinculada a nossa pesquisa. Elas tratam do "levantamento de toda a bibliografia já publicada em forma de livros, revistas científicas, publicações avulsas, imprensa escrita, periódicos anais e trabalhos científicos". (SELLTIZ, 1987, p. 52)

As fontes das pesquisas bibliográficas podem ser classificadas da seguinte maneira:

a) Básicas, são as obras que têm um caráter básico-fundamental, tais como: livros, artigos, revistas, dissertações, monografias, teses etc.;

b) Complementares, as que têm um caráter geral e complementar; dentre elas se destacam os resumos e referências, compêndios, dicionários, enciclopédias, diretórios de títulos, autores e organizações científicas, anais, legislações, *internet* e vídeos;

c) Especializadas, as que abordam temáticas de forma específica ou especializada: periódicos (jornais), jurisprudência, documentos do governo e do Estado.

De acordo com Jorge Witker (WITKER, [s.d.], p. 30), as fontes mais consultadas pelos estudantes de direito são:

a) as fontes diretas (relativas à forma e vida do direito), isto é, a literatura jurídica, tais como: obras de tratadistas, comentaristas, compilações, repertórios e outras literaturas não-jurídicas;

b) os fatos: conduta humana de tipo jurídico, costume jurídico, vida dos grupos, prática jurídica;

c) as fontes formais:

- legislações (códigos, leis, decretos-lei, decretos, resoluções, regulamentos etc).
- normas jurídicas consuetudinárias, resoluções judiciais (autos, sentenças).
- terminologia jurídica.
- refrães, aforismos e locuções clássicas de conteúdo jurídico.
- textos, contratos etc.

d) os objetos:

- estabelecimentos, locais, equipamentos, móveis, seções, reuniões etc.

- atributos, emblemas, distintivos de instituições para fins jurídicos.
- moedas, selos etc.

O processo da pesquisa bibliográfica se desenvolve por meio de técnicas particulares que possibilitam a revisão das teorias (contemporâneas) vinculadas ao tema escolhido, evitando pesquisas com a mesma abordagem e repetições e esforços desnecessários.

O primeiro passo da pesquisa bibliográfica consiste na seleção do material para trabalhar e o desenvolvimento de leituras prévias. Neste momento devemos configurar a bibliografia de trabalho, ordenar e classificar as obras consultadas e criar as fichas que nos permitirão a compilação de informações valiosas sobre o tema em questão. A leitura, porém, não deve ser feita apelando somente à memória. Daí a importância do fichamento.

Durante o desenvolvimento da pesquisa bibliográfica as seguintes etapas deverão ser tidas em conta:

1. Formular um guia temático (hipóteses de trabalho).

Deve-se formular um guia temático ou sumário provisório, a partir dos objetivos da pesquisa, para o controle de crescimento do fichário, evitando assim que alguma parte do conteúdo fique sem material suficiente para seu desenvolvimento. "Objetar-se-á que, à medida que o trabalho avança, esse índice hipotético se vê obrigado a reestruturar-se várias vezes, talvez assumindo uma forma totalmente diferente" (ECO, 1999, p. 81), mas sem se afastar dos objetivos da pesquisa.

O guia temático tem por objetivo orientar a procura de informações. Aqui sugerimos a elaboração prévia de um sumário provisório, instrumento de grande utilidade para a procura e coleta de informações.

2. Seleção do material para o trabalho e configuração da bibliografia.

Devem-se caracterizar as obras existentes vinculadas à matéria estudada: textos, documentos, pesquisas realizadas, monografias e demais documentos.

3. A leitura de reconhecimento (ou pré-leitura).

A leitura inicial de reconhecimento permite uma visão geral do assunto a ser pesquisado e a verificação da existência ou não de outros trabalhos com a mesma abordagem. A leitura de reconhecimento demanda um certo cuidado do pesquisador ao examinar prefácios, introdução, conclusão, sumários, para selecionar uma bibliografia que realmente interesse ao desenvolvimento da pesquisa. (MATALLO, 1997, p. 42-43)

4. Leitura analítica.

Procura-se visualizar e determinar as diferentes questões que o autor destaca na obra relacionando-as com os aspetos centrais da pesquisa. Com esta informação se elabora o marco teórico, isto é, revisa-se a teoria existente para apresentar uma nova.

5. Fichamento.

O fichamento é uma ótima técnica que nos permite anotar apontamentos das obras pesquisadas, identificando as idéias dos autores pesquisados para logo, através das citações, diferenciá-las, classificá-las, generalizá-las, criticá-las, utilizá-las em nossa argumentação.

O fichamento permite o registro das informações relevantes pesquisadas nas obras que, por estarem vinculadas ao assunto e tema estudado, submetemos a uma análise minuciosa. É por meio do fichamento que reunimos e registramos as informações que nos servirão para o desenvolvimento de um trabalho científico-crítico. Assim, "à medida que vou encontrando os livros, diz Umberto Eco, uma ficha é aberta para cada um. Ao descobrir que um livro existe em dada biblioteca, anoto esse fato [...]. No fim, você terá uma imagem clara do que poderia encontrar e do que já encontrou". (ECO, 1999, p. 46)

O fichamento, portanto, está em correspondência com os objetivos do trabalho. Daí o interesse pelas transcrições textuais, pelos resumos, comentário ou síntese. Contudo vários são os tipos de fichamento, a saber:

a) De conteúdo: resumos (sínteses), comentários, transcrições diretas (textuais) etc.

b) De campo: informações ou estatísticas, jurisprudência etc.

Para a elaboração de uma ficha bibliográfica, recomenda-se a colocação dos dados da obra e dos autores: sobrenome com maiúsculas e, seguido de vírgula, o nome, para torná-lo mais visível, o nome do tradutor precedido pela abreviatura "trad.", do diretor "dir", ilustrador "ilustr." ou compilador, o título do livro (em itálico ou entre aspas), o subtítulo do livro, o número da edição quando mencionada no livro (só se anota a partir da segunda edição em diante; a primeira nunca se registra), a cidade onde se imprimiu o livro, o nome da editora, a seguir o ano de edição e nº de páginas totais do livro. Pode ser incluído o nº do volume precedido pela abreviatura "v".

Exemplos:

MONTESQUIEU, Charles Louis de Secondat. *O Espírito das Leis (De l' Esprit des Lois).* Trad. de Fernando Henrique Cardoso e Leôncio Martins Rodrigues. Brasília: Universidade de Brasília, 1995. 556 p.

ROUSSEAU, Jean-Jacques. *Do Contrato Social. Discurso sobre a Economia Política (Du Contrat Social et Discours sur l' Économie Politique).* Trad. de Márcio Pugliesi e Norberto de Paula Lima. 7. ed. São Paulo: Hemus [s.d.], 190 p.

As fichas de conteúdo são ferramentas que devem conter o raciocínio lógico e as propostas ou interpretações do autor e, em geral, devem-se referir aos comentários, sínteses, críticas e apreciações do pesquisador a respeito das obras consultadas (livros, artigos, revistas e monografias) ou que estão sendo analisadas.

Uma ficha de conteúdo poderá ser constituída pelos seguintes elementos: a) dados da fonte; b) tema; c) texto.

Quando citamos devemos destacar fielmente os dados fundamentais da obra da qual tiramos a informação que agora nos serve de referência para justificar as nossas teorias e argumentos. Daí a necessidade de observar a proximidade, relação, importância e oportunidade do trecho citado.

Contudo, quando fichamos a informação, que depois será citada, devemos observar as seguintes regras:

1. A supressão de palavras em parágrafos deve ser destacada com reticência entre parênteses;

2. A supressão de parágrafos intermediários deverá indicar-se com uma linha pontilhada;

3. Colocar aspas no início e no final do texto.

Os resumos constituem materiais importantes para a comparação das informações consultadas nas diferentes obras. Um resumo serviria para destacar sucintamente a visão crítica do texto pesquisado e as conclusões do autor. Os resumos também nos permitem avaliar as idéias principais e mais relevantes dos autores.

Os comentários também possibilitam o destaque crítico dos critérios dos autores sobre determinadas matérias e a elaboração de novas conclusões.

6. Análise dos dados.

Durante a análise dos dados devemos ordenar as notas e idéias fichadas, estabelecendo uma relação lógica entre elas e destacando aquelas que serão úteis à nossa pesquisa.

7. Generalização dos resultados.

A generalização dos dados e informações nos permite tirar conclusões sobre os argumentos encontrados em diversas obras e construir novos argumentos.

8. Elaboração das notas e redação da primeira versão do trabalho.

Finalmente, depois de analisar e comparar as informações, o autor propõe sua teoria, fundamentada e apoiada nas teorias existentes já revistas, formulando suas conclusões (críticas, propostas, comentários e sugestões).

Um aspecto importante que antecede a coleta e registro de informações é selecionarmos as obras mais atuais sobre o tema. Nessa empresa devemos ser cuidadosos com o registro dos dados obtidos das obras. Portanto, recomenda-se o registro do sobrenome do autor, nome, título da obra, tradutor, edição, lugar da publicação (local, cidade), editora, ano e página da qual se extrai a informação.

Devemos enfatizar se a informação foi tirada de revista, livro, vídeo ou entrevista e resumir todas as referências que podem ser de utilidade para a localização das obras. Para isso, como explicamos mais adiante, são construídas fichas, onde se registram tais informações.

O processo da coleta de dados se inicia relacionando, referenciando, lendo, resumindo e arquivando as informações mais relevantes sobre o assunto estudado. Devemos fazer notar que o registro dos dados das obras consultadas durante toda a pesquisa facilita construir a bibliografia final, ajuda-nos a controlar o crescimento da informação e evita a repetição injustificada de pesquisa da literatura em dependência do tempo e lugar.

A coleta de dados nas pesquisas bibliográficas se difere da leitura, seleção e registro para crítica e confrontação das informações mais relevantes contidas nas obras consultadas. Para tanto, propõem-se os seguintes métodos de leitura:

a) *Métodos clássicos*, que se refere à análise interna e externa das obras e se baseia na observação de seus aspectos básicos e secundários. Aqui se realiza um estudo das informações contidas nas obras, com o intuito de obter dados sobre o autor (vida e obra), vocabulário, estilo, postura metodológica, etc. É quando também verificamos a autenticidade da obra, suas possíveis alterações, críticas, omissões, contradições etc;

b) *Métodos externos*, que nos permite relacionar a obra analisada com outras fontes importantes.

Deve-se destacar que na análise das obras interessa-nos especificamente o critério do autor que tem relação estreita com o tema pesquisado.

O registro da informação se realiza conforme os objetivos e hipóteses da pesquisa. Para lograr um registro eficiente será importante observar as seguintes regras:

a) analisar o conteúdo das obras para deliberar sua atualidade e vigência;

b) verificar a lógica da argumentação (nexos entre as teses e os argumentos);

c) determinar o elo necessário entre a teoria (informação) e a pesquisa que contribui à formação do novo conhecimento e teoria.

Das obras não devemos copiar informações (fragmentos, parágrafos ou frases) sem verificar antes a oportunidade dos mesmos e anotar e referenciar no nosso texto os dados das obras de onde foram tiradas, assim como explicamos na seção correspondente às citações. Para tanto, nos auxiliamos do fichamento, técnica por meio da qual registramos para presente e futuras pesquisas a referência das informações coletadas.

6.3.2 A pesquisa de campo

Como vimos em temas anteriores as pesquisas também podem ser de campo. Tais pesquisas se ocupam de informações que estão além das teorias.

Para este tipo de pesquisas existem técnicas auxiliadoras, a saber:

a) Observação, seja método ou técnica, a usamos em toda a atividade científica. Nas pesquisas jurídicas, especificamente, ela é utilizada na análise objetiva do trabalho dos profissionais do direito e do funcionamento dos sistemas institucionais;

b) Revisão de documentos (análise de conteúdo), é uma das técnicas mais objetivas e confiáveis que, para o caso das pesquisas jurídicas, serve de ferramenta na análise de expedientes judiciais, de cifras estatísticas e demais documentos utilizados na atividade judicial. Aqui, igualmente, poderá ser empregado na análise da imprensa e demais documentos importantes;

c) Questionário, é um dos instrumentos que serve de guia ou ajuda para obter a informação desejada, sobretudo em grande escala. Está relacionado com a entrevista, representando uma técnica, e não um método, que se baseia em perguntas com as quais se obtêm dados para a investigação;

d) Entrevistas, que se diz estruturada (padronizada) quando o entrevistador usa um esquema de questões sobre um determinado tema, a partir de um roteiro (pauta) previamente preparado;

e) Amostragem, técnica muitas vezes necessária porque não é aconselhável realizar pesquisas com populações grandes que possam gerar erros. A amostragem nos permite definir um trabalho com pequenos grupos de elementos da população, com um grau de probabilidade de erro tal que assegure a confiabilidade do processo.

6.3.2.1 O universo da pesquisa de campo: amostra

Define-se a amostra (ou amostragem) como um subconjunto extraído por procedimentos técnicos de um universo ou população total. Assim, todo grupo ou conjunto de elementos, sujeitos, países, leis, segmentos, classes, profissões ou profissionais, por exemplo, juízes, advogados, promotores, professores etc., que possuem características comuns, é chamado de universo ou população e passará a integrar o dado de uma investigação. Neste sentido, define-se a amostra como o universo com o qual se trabalhará na pesquisa e que constitui a unidade de observação.

Um exemplo importante da amostragem constitui a determinação da unidade de observação como fonte direta de informação, quando se relacionam as pessoas às quais se aplicarão as técnicas de entrevistas, questionários e testes psicológicos. A questão fundamental da amostra está em conseguir as garantias que nos possibilitem a divulgação dos resultados das pesquisas e sua generalização a todo o universo ou população total. A isto se denomina representatividade.

José Bugeda (1974, p. 69) em sua obra Manual de Técnicas de Investigação Social nos propõe uma tabela onde se observa a possibilidade de determinar a amostra a partir de uma população finita para margens de erro de 1%, 2%, 3%, 4%, 5% e 10 %.

Do ponto de vista técnico existem diferentes tipos de amostragens, os quais geralmente se agrupam em dois subconjuntos. Aqui nos referiremos aos mais utilizados:

Amostragem *probabilística* e amostragem *não-probabilística.*

a) Probabilística: aleatória ou simples, estratificada, polietápica;

b) Não-probabilística: intencional, por quotas, acidental.

Com a amostragem *aleatória* ou simples se escolhem as unidades ao acaso. Geralmente se faz uma listagem da população, designando um número a cada indivíduo para em seguida selecionar um grupo entre vários. Portanto, com esta amostragem "o pesquisador não tem motivos para crer que produzirá alguma propensão ou tendência". (GOODE, 1971, p. 264)

Sendo a amostragem *probabilística,* teremos a possibilidade de determinar a margem de erro, que poderá ser *aleatória* (ao acaso), *estratificada* (divide-se a população em estratos para fazer uma amostragem ao acaso) ou *polietápica*; nesta última dá-se a oportunidade para se trabalhar com uma amostra grande para dela obter outra menor.

Na realidade a amostragem *estratificada* nos permite o uso de uma amostra menor que a *simples* amostragem ao acaso, com maior precisão e com a consequente economia de tempo e dinheiro. (GOODE, 1971, p. 273)

Pela importância e complexidade dos conteúdos dos temas: "Significado e utilidade das pesquisas bibliográficas" e "Redação", explicamos seus conteúdos e técnicas em capítulos separados.

6.3.2.2 Instrumentos: o questionário, a entrevista

Na realidade, a palavra questionário implica em um instrumento destinado a conseguir respostas para perguntas, utilizando para isso um impresso ou formulário que o entrevistado preenche por si mesmo. (GOODE, 1971, p. 164)

Com o questionário se consegue informação através das respostas a um grupo de perguntas previamente elaboradas. Ele nos traz a possibilidade de conhecer as opiniões e as atitudes que um determinado grupo de pessoas tem sobre o problema. Sua aplicação pode ser por correio ou por formação de grupos.

Já as entrevistas podem ser:

a) orientadas, quando o entrevistador focaliza sua atenção sobre uma experiência dada e os seus efeitos - isto quer dizer que ele sabe por antecipação os tópicos ou informações que deseja obter com a entrevista;

b) livres, quando o entrevistado é solicitado a falar livremente a respeito do tema pesquisado;

c) em grupo, quando pequenos grupos de entrevistados respondem simultaneamente às questões, de maneira informal. As respostas são organizadas posteriormente pelo entrevistador, em uma avaliação global;

d) informal, geralmente utilizada em estudos exploratórios, a fim de permitir um conhecimento mais aprofundado da temática que está sendo investigada. Pode fornecer pistas para o encaminhamento da pesquisa, seleção de outros informantes ou mesmo a revisão das hipóteses inicialmente levantadas. (MATALLO, 1997, p. 64)

No questionário as perguntas se classificam segundo o grau de liberdade que se tenha nas respostas ou segundo a natureza do aspecto perguntado. Por isso, elas podem ser abertas, fechadas, mistas, de filtros e de controle.

a) Abertas, aquelas que oferecem total liberdade ao entrevistado para emitir sua resposta. Ex.: Quais são os aspectos inovadores que o Novo Código Civil possui?

b) Fechadas, são elaboradas com o fim de limitar as respostas mediante a prévia seleção de opções que se incorporam às perguntas. São qualificadas em dicotômicas e politômicas.

- Dicotômicas: Diz-se que as dicotômicas somente admitem duas respostas.

Ex.: Você participa em eventos científicos com regularidade? Sim_____ Não_____

- Politômicas: As politômicas são elaboradas para possibilitar que o entrevistado selecione mais de duas respostas.

Ex.: Você acredita que a forma é um elemento determinante para a perfeição dos contratos civis? Sim____ Não_____ Depende____

No caso das politômicas podem existir formas especiais de perguntas que indiquem graduações diferentes para distribuir as respostas com base em avaliações dissímeis.

Ex.: Qual é seu critério acerca da correspondência entre as disposições do Código Civil e a nova realidade socioeconômica em matéria de Obrigações e Contratos?

____ Existe uma correspondência adequada.

____ Não existe correspondência total entre suas disposições.

____ Não existe correspondência.

____ Não conheço a temática.

c) Mistas, aquelas elaboradas utilizando-se combinações de perguntas abertas e fechadas.

Ex.: Você considera que são eficazes os processos regulamentados na Lei de Processo Civil vigente, para conhecer e resolver os conflitos derivados dos danos e prejuízos causados pelo não-cumprimento das obrigações contratuais? Sim_____ Não_____ Por quê?_____

d) De filtros (de controle e de conteúdo), aquelas que nos possibilitam saber se o entrevistado conhece ou possui alguma informação sobre a matéria que será perguntada, para então determinar se vale ou não a pena perguntar.

Ex.: Antes de formular a pergunta anterior, podemos perguntar ao entrevistado se ele sabe quais são os processos civis regulamentados na referida Lei.

As perguntas de controle são úteis para certificar a veracidade das respostas emitidas e, em tais casos, são elaboradas perguntas sobre o mesmo tema, mas com redação e estilo diferentes, bem separadas umas das outras no questionário.

Segundo seu conteúdo as perguntas podem ser classificadas em:

a) Subjetivas: as relacionadas com critérios muito pessoais dos entrevistados, determinados por sua formação profissional e pelas atividades desempenhadas;

b) Objetivas: as que são dirigidas à busca de informações, independentemente da vontade e dos critérios pessoais dos entrevistados.

Exemplos:

- Quantos professores têm a Faculdade de Direito de sua Universidade?
- Quantos advogados estão desenvolvendo temas de pesquisas em seus escritórios?
- Quanto tempo faz que você trabalha como advogado?

6.4 Métodos da pesquisa jurídica

Toda ciência se vale de métodos gerais para estudar e resolver seus próprios problemas; como visto: *observação*, *análise*, *síntese*, *comparação*, *dedução* e *indução* são métodos gerais válidos para todas as ciências. Também cada ciência, de forma independente, se usa de métodos particulares que não são nada mais que os próprios métodos gerais, ora adaptados a determinadas necessidades e interesse e que possibilitam a abordagem e solução de problemas específicos. Isto também acontece para o direito.

Contudo, no direito, para desenvolver pesquisas, nos valemos de alguns métodos que nos permitem abordar um tipo de realidade: *realidade jurídica* que, conforme explicado, é constituída por dimensões e nas quais captamos problemas diferentes, a saber, problemas vistos: a) na dimensão teórico-valorativa (ex. valor, atualidade e oportunidade dos conceitos, proposições doutrinárias quer descritivas quer explicativas e teorias); b) na dimensão normativa (ex. validade, coerência e deficiências na redação das normas); c) na dimensão factual (ex. nexo entre novos fatos e conseqüências jurídicas) e, ainda, no comércio existente entre normas e fatos, problemas que dizem da eficácia, eficiência e completude do direito.

Todos esses problemas de fato são diferentes, portanto os métodos para a abordagem e solução dos mesmos também serão diferentes. Por isso, para cada problema ou grupo de problemas jurídicos, designamos por necessidade os seguintes métodos:

a) Métodos teóricos (teórico-jurídicos):

- *Método exegético-analítico* ou *interpretativo* das proposições jurídicas quer descritivas quer prescritivas.

- *Método de análise histórica* (método histórico).

- *Método jurídico comparado* (comparativismo jurídico).

- *Método empírico-crítico* (ou sociológico-jurídico), que se serve das seguintes técnicas:

1. Observação.
2. Revisão de documentos (análise de conteúdo).
3. Questionário.
4. Entrevistas.
5. Amostragem.
6. Processamento da informação.

6.4.1 Dos métodos teóricos

Os métodos teóricos possibilitam o fortalecimento teórico de nosso trabalho, a partir da análise científica das concepções doutrinárias, históricas e daquelas que terão como fonte o estudo comparado das legislações e das teorias mais modernas existentes em relação ao tema que estudamos.

Cada método teórico tem suas próprias características e por isso o pesquisador poderá selecionar livremente os que utilizará segundo suas necessidades, seus objetivos e as tarefas a cumprir. Portanto, é extremamente necessário reconhecer que há um conjunto de problemas científicos para cuja solução é suficiente o emprego dos métodos conceituais e teóricos. (IVANOVICH, 1990, p. 46)

Usamos métodos teóricos durante toda a pesquisa. Eles estão presentes no delineamento teórico-metodológico da pesquisa, isto é, na formulação do problema, na construção de hipótese, na definição de conceitos, na análise dos dados e na formulação das conclusões.

É claro que as pesquisas jurídicas devem necessariamente conter um embasamento teórico adequado que permita compreender o que já foi dito sobre o problema e, concomitantemente, mostrar os conceitos e as definições com as quais trabalhamos. Usando métodos teóricos, portanto, nos permitimos definir adequadamente as variáveis que possibilitam a coleta de dados e a análise dos resultados das pesquisas.

***a) Método exegético-analítico* ou *interpretativo*.**

O método exegético-analítico é muitas vezes visto como um método interpretativo por meio do qual determinamos o sentido e alcance das proposições jurídicas doutrinárias (explicativas ou descritivas) e prescritivas (normas). Assim, por meio do presente método o pesquisador examina a correspondência existente entre os conceitos e proposições dentro de um mesmo contexto para determinar a coerência, validade e outras deficiências no uso dos termos, tais como vagueza, ambiguidade, etc.

Analisando a exegese das proposições jurídicas, certamente formulamos o juízo de valor ou legitimidade para o qual não só partimos da análise do sujeito (e procedimento) criador da proposição, mas também do conteúdo do texto estudado. Quanto ao conteúdo, é legítimo verificar a relação existente entre conceitos, entre proposições e entre contextos de um mesmo sistema, para julgar se o conteúdo analisado corresponde ou é contraditório com o conteúdo também visto noutros textos do mesmo autor ou de outros vários autores ou da mesma lei ou de outras de igual ou maior hierarquia.

Usando o método exegético-analítico, se analisa, entre outras coisas, se as proposições explicativas ou descritivas (doutrinárias) são contraditórias ou oportunas ou se as prescritivas (normas) perderam a sua vigência, são válidas ou coerentes. Para tanto, a seguir aconselhamos observar as seguintes regras do método:

Primeira, caracterize as proposições jurídicas, aqui será necessário se levar em conta quem as criou e para que foram criadas. Caso sejam doutrinárias, verifique seu sentido no texto ou contexto, caso sejam normativas verifique o comportamento que nela se estabelece caracterizando o sujeito destinatário e o objeto-ação.

Deve-se, portanto, verificar se a proposição doutrinária estudada é descritiva, explicativa, analítica, sintética ou representa axiomas, princípios ou aforismos jurídicos e se a normativa (norma) é afirmativa, negativa, declarativa, imperativa, categórica ou hipotética, para uma posterior decomposição.

Também, ao caracterizar a norma, devem-se respeitar os seguintes critérios:

a) Normas jurídicas universais são proposições em que o sujeito-destinatário será representado por um grande grupo composto por muitos membros;

b) Normas jurídicas particulares têm como sujeito-destinatário uma pessoa determinada; é o caso do sujeito para quem a sentença de um juiz é dirigida;

c) Normas jurídicas com ações universais são as inerentes a várias execuções e portanto, consequentemente, o mandato não se esgota com um ato só;

d) Normas com ações individuais ordenam uma ação concreta e geralmente são utilizadas nos procedimentos para cominar uma determinada pessoa ao cumprimento de uma atividade ou conteúdo específico. Considerem-se também as normas afirmativas e negativas que estabelecem os mandatos e as proibições.

Segunda, verifique-se a sistemática das proposições (associacionismo proposicional), isto é, se elas constituem uma unidade. Caso fossem normas observe-se se respeita a hierarquia lógica das mesmas. Ao analisar a subordinação hierárquica de uma lei, por exemplo, comprovamos se as regras estudadas são:

a) válidas, ou seja, se existem como regras jurídicas que pertencentes a um determinado sistema. Aqui, é necessário realizar três operações:

- determinar se a autoridade que a promulgou tinha o poder legítimo para expedir normas jurídicas, investigação que nos conduz inevitavelmente à norma fundamental, que é a base da validade de todas as normas de um determinado sistema.

- comprovar se a norma não foi derrogada, quer dizer, se não existe uma posterior no tempo que regule a mesma matéria.

- comprovar que não seja incompatível com outras normas do sistema, particularmente com uma hierarquicamente superior ou com uma posterior. (BOBBIO, 1987, p. 21)

b) coerentes, a incoerência normativa, a rigor, é um tipo de conflito do qual deriva a impossibilidade de satisfazer duas ordens, pelas quais se autoriza e se proíbe fazer a mesma coisa. No entanto, se um mesmo sistema contém ambas as ordens, então é incoerente, já que contém uma contradição: a promulgação de uma norma e sua rejeição são incompatíveis. (C. ALCHORRÓN y E. BULIGIN, *apud*, AGUILÓ, [s.d], p. 58)

Toda essa pesquisa consiste em avaliar integralmente o ordenamento; por isso é obrigatório que se examinem e se legitimem a unidade e a coerência do ordenamento. Quando se pesquisa a unidade deve-se comprovar a existência de relações entre as normas, quer dizer, se as normas jurídicas foram elaboradas respeitando o princípio da hierarquia no Direito. Quando falamos de coerência, nos referimos à análise do ordenamento como sistema, para detectar as contradições entre as normas (antinomia jurídica).

Ao derivar uma norma da outra, determina-se seu caráter sucessivo, que representa o sistema. Só assim verificamos se o ordenamento representa um sistema do ponto de vista de sua estrutura interna e externa, onde não devem existir normas incompatíveis e, portanto, não-válidas. Há incoerência quando há incompatibilidade das normas dentro de um sistema (antinomia).

Terceira, verifique se existem problemas na redação das normas, tais como a ambiguidade e as contradições; ao analisar o texto de uma lei, os seguintes aspectos não poderão ser deixados à margem:

a) medite sobre os diferentes princípios gerais do direito, que de uma forma ou outra nos orientam ao observarmos uma norma;

b) analise se no texto existem frases ou palavras ambíguas, ou então palavras com pluralidade de significados.

Usando este método o pesquisador analisará o que a norma consente e o que proíbe, quais são as hipóteses contraditórias e quais são as realizáveis, investigando as consequências obrigatórias dos pressupostos lógicos e dos conflitos que se geram.

Quarta, observe se existe o emprego injustificado de elipses, isto é, se são usados termos indiscriminadamente, sem se observar o tecnicismo jurídico e o significado já atribuído pela doutrina aos mesmos.

Quinta, comprove se as normas não entram em contradição com alguns dos chamados valores já reconhecidos pelo sistema em questão. Assim, as proposições serão vistas como *justas*, isto é, se guardam relação com os valores supremos reconhecidos pela Constituição, os quais transcendem a todos os direitos reconhecidos nas demais leis; desta forma saberemos se uma sociedade é contenciosa ou não. A respeito disso, afirmaria Bobbio, o problema da justiça não depende nem da validade, nem da eficácia, pois uma norma pode ser justa sem ser válida, pode ser válida sem ser justa, pode ser válida sem ser eficaz, pode ser eficaz sem ser válida, pode ser justa sem ser eficaz e pode ser eficaz sem ser justa, porque se trata de verificar ou precisar os valores supremos do Direito; quer dizer, os fins sociais que devem ser obtidos com a norma. (BOBBIO, 1987, p. 22-34)

b) Método de análise histórica (método histórico).

Quanto ao método histórico há de ser observado o vínculo que existe entre história e o direito. A história propriamente representa uma orientação que domina o pensamento e as teorias anteriores e contemporâneas. A história constitui a unidade e continuidade harmônica das idéias e noções jurídicas.

Há uma necessidade de compreender a natureza das modificações legislativas que são produzidas dentro de determinados sistemas jurídicos, ou em diferentes períodos históricos, estimula o desenvolvimento de pesquisas que comprovam e explicam filosoficamente o processo de desenvolvimento histórico das sociedades e suas leis.

A respeito do significado e do valor da história Tércio Sampaio (1980, p. 18) nos ensina que "o panorama da histórica da Ciência do Direito tem a virtude de nos mostrar como esta ciência, em diferentes épocas, se justificou teoricamente". A respeito disso, consideramos que os estudos históricos são extremamente importantes e auxiliadores do processo de caracterização do estatuto epistemológico do direito; pois, diversas generalizações teóricas e metodológicas, baseando-se na história do direito, pretendem justificar a origem do conhecimento jurídico.

Nos primeiros temas deste livro destacamos algumas concepções sobre o direito têm um remanescente histórico por estar baseada na observação de uma sucessão de fatos ou eventos passados que contribui para a conformação de uma nova visão crítica do direito. Observe-se, por exemplo, que a maioria das vezes se define o direito a partir de uma dada concepção histórica do fenômeno jurídico, procurando-se mostrar a função, o caráter, a natureza e o significado do saber jurídico por meio da história.

Acontece que, ao dar-se maior preponderância à história, muitos pensadores procuraram e ainda procuram demonstrar que a Ciência do Direito não é uma obra arbitrária de um legislador, porém um ideal adaptado a todos os tempos e povos. Daí que importantes filósofos e juristas atribuam a este importante componente da dimensão valorativa um especial significado, apresentando "uma nova concepção da 'historicidade' que permitirá a qualificação, também do acontecimento presente como História, criando-se a possibilidade de uma compreensão da ciência jurídica como *ciência histórica*, aparecendo a dogmática jurídica fundamentalmente como história do direito ou, pelo menos, como a continuação desta com outros instrumentos". (FERRAZ, Jr., 1980, p. 28)

Assim, é evidente que, como bem acentua o nosso mestre Fernando Aguillar (2003, p. 13), o caminho a ser trilhado para a constituição de um estatuto epistemológico crítico no direito passa pela história. Por isso, a formulação metodológica do direito necessita da história, pois as diferenças ideológicas que decorrem de cada concepção epistemológica são particularmente bem evidenciadas mediante a compreensão de suas relações com a história. Portanto, a análise das relações entre história e direito parece, no entanto, capaz de suscitar frutuosamente alguns dos pontos fundamentais da importante controvérsia concernente à base epistemológica de uma teria crítica do direito. Cada modo de utilizar a história do direito, ainda afirma o citado autor, supõe necessariamente um certo método histórico em sua base, ou seja, uma certa concepção epistemológica subjacente.

Todo pesquisador deve consagrar-se à análise das coisas ou dos fatos, percebendo a variedade de relações jurídicas que estão incluídas nas leis de seu país, valorando neste sentido os prejuízos nacionais, territoriais ou individuais. Ao realizar esta operação deve-se comparar o direito nacional com o direito histórico, o que permite ampliar o horizonte de conhecimentos e aumentar a imparcialidade, lembrando também do nível de crítica e das possibilidades de encontrar diversas fórmulas e soluções jurídicas.

Estudos históricos revelam, em primeiro lugar, os processos e causas pelos quais um determinado fenômeno ou problema em estudo, num marco temporal e espacial, evolui. A análise histórica coloca em evidencia o sistema de relações internas e externas que incide nas tendências evolutiva de tais problemas ou fenômeno.

Contudo, procurando projetar a vida, a partir do presente, o homem tem de voltar, necessariamente, ao passado, para recuperar, graças ao conhecimento histórico, os aspectos e as experiências positivas e oportunas para ordenar a convivência. Assim, o método de análise histórica para as investigações jurídicas é fundamental, pois com ele se analisam as instituições do direito, se verificam os fatos passados e se garante a previsão do futuro; desta maneira podemos dar valor aos fatos, partindo das opiniões e dos juízos tomados dos relatos do passado que diferentes autores ou historiadores realizaram. Tudo isto influenciará o progresso, sobre o qual já se propôs "nasce da possibilidade que tem o homem de se apoderar da herança do passado". (AQUILINO, 1992, p. 8)

Conforme explica García Alejandro, em relação ao método em estudo, existem dois tipos de fontes ou informações: as *diretas* e as *indiretas*. Diretas são aquelas oferecidas por pessoas que estiveram vinculadas aos fatos na qualidade de participante ou testemunha; este tipo de fonte constitui um testemunho de incalculável valor histórico, pois fornece vivências e detalhes do acontecimento. As indiretas se referem à abordagem de maneira coletiva, independentemente do número de participantes (GARCÍA, 1979, p. 10-12). Nesse sentido, ao estudar as fontes históricas no direito, é legítimo considerar a jurisprudência, a literatura geral e especializada que nos descreve cada período histórico (cada época), o direito histórico-comparado e a doutrina.

Certamente há de se levar em conta que a denominação "documento jurídico" não só é representativa das leis, códigos ou tratados, mas também de todo o material que nos informe acerca de qualquer evento ou acontecimento relacionado com o direito.

Por meio de estudos históricos, por exemplo, julgamos as causas que geraram uma legislação, para poder saber por que foram utilizados determinados conceitos em um determinado contexto, para relatar ou explicar a sucessão de fatos, ou prescrever obrigações e direitos e assim deduzir o porquê das regras que presidem a sucessão dos fenômenos.

Neste método teórico se usam determinados instrumentos e dentro das técnicas de compilação da informação oral se encontra o questionário, aplicado à pesquisa e à entrevista histórica.

c) Método empírico (ou sociológico-jurídico).

O uso deste método se refere à verificação da correspondência existente entre o campo teórico-normativo do direito e factual. Assim, por meio do método se verifica a existência social do direito, isto é, a relação que existe entre os contextos teóricos e normativos e a realidade sócio-cultural do direito. Daí a pesquisa dos seguintes problemas: a) eficácia; b) completude; e c) eficiência do direito.

a) Eficácia. De acordo com Norberto Bobbio (2001) o problema da eficácia de uma norma é se a mesma é ou não cumprida pelas pessoas às quais se destina (os chamados destinatários da norma jurídica) e, no caso de ser violada, que se faça valer com meios coercitivos pela autoridade que a impôs. A pesquisa para determinar a eficácia ou ineficácia de uma norma é de caráter histórico-social, e se dirige ao estudo do comportamento dos membros de um determinado grupo social, diferenciando-se tanto da pesquisa de caráter filosófico sobre a justiça da norma, como da investigação tipicamente jurídica acerca de sua validade.

b) Completude - Na pesquisa da completude do ordenamento jurídico sopesamos a existência ou não de lacunas, que qualifiquem o ordenamento de completo ou incompleto. Completude, porque no ordenamento jurídico devem existir normas que regulem cada caso. Daí, que um ordenamento é completo quando nele pode ser encontrada uma norma para dispor cada relação e para resolver cada conflito jurídico.

Constatamos lacunas jurídicas quando observamos uma ruptura da correspondência que deve existir entre as normas e a realidade social. O problema da determinação das lacunas não deve estar baseado na crença de que não existe a norma que se desejaria (lacuna ideológica); ela não é o resultado da verificação de que o ordenamento é incompleto, quando o comparamos com um ordenamento jurídico, mas sim quando considerado como parte de um todo, isto é, quando se produziu a análise integral do ordenamento. Veja-se que devem existir regras suficientes por meio das quais se protejam as relações jurídicas e se resolvam os conflitos.

c) Eficiência - A eficiência jurídica se refere ao grau de cumprimento do direito, ora visto como conjunto de normas. Aconselha-se analisar se os objetivos para os quais foram criadas as normas são cumpridos. Tais objetivos podem ser geralmente localizados no preâmbulo ou nos primeiros capítulos e artigos do cada instrumento jurídico.

Constate-se, pois, se o significado atribuído à norma é coerente com a finalidade da instituição a que ela pertence e com os objetivos ou finalidade para a qual foi criada (eficiência jurídica). Aqui é importante observar que a norma jurídica, como explica Iglesia Ferreirós, "encerra um critério de avaliação da conduta do homem em uma determinada sociedade, dirigida a ordenar e evitar os conflitos entre seus membros e a resolvê-los, o que deve ser proposto, a fim de conseguir a manutenção da sociedade, através da conservação de seus membros. De forma concisa, se pode dizer que a norma jurídica encerra um critério de avaliação da conduta social do homem orientado a conservar a vida social". (AQUILINO, 1992, p. 62)

Observações - É necessário distinguir a eficácia social da eficiência. Uma norma é eficaz quando se cumpre e é eficaz socialmente quando é acatada, respeitada. Uma norma é eficiente quando, além de se cumprir, são obtidos os fins que motivaram sua criação. A respeito disso, o professor Manuel Atienza (1993, p. 223) acentua:

> Contempladas a partir desta perspectiva, as leis não são outra coisa que instrumentos para alcançar determinados objetivos sociais. Mas, um dos problemas que pode surgir aqui é que nem sempre é fácil saber quais conteúdos normativos são os idôneos para alcançar estes fins [...], por isso a eficácia de uma lei não é o mesmo que sua eficiência social: é possível que os destinatários-particulares e autoridades cumpram pontualmente com o estabelecido, porém que não se alcancem os objetivos previstos. O outro tipo de problema é que estes objetivos sociais podem, por diversas razões, não ser claros.

A chamada eficiência ou ineficiência, no sentido estrito, representa a obtenção do fim. É eficiente uma norma quando se consegue a finalidade para a qual foi criada; portanto devemos dizer que às vezes uma norma pode ser válida e eficaz, porém não eficiente.

Assim, para analisar a eficiência, é aconselhável revisar sempre o preâmbulo da lei e verificar sua correspondência com o texto posterior e com o comando constitucional; só agora "pode-se dizer que todos os argumentos destinados para que as normas sejam mais claras e compreensíveis, mais sistemáticas, e que sejam o máximo possível eficazes, têm força se com isso podem ser cumpridos os objetivos sociais almejados". (ATIENZA, 1993, p. 224)

Tudo isso é possível com o uso de várias técnicas que nos permitem o estudo das instituições jurídicas e de suas regras. Tais técnicas, como bem diz Selltiz (1987), são ferramentas de trabalho que exigem, para seu uso, que se compreenda a lógica que as sustenta. Assim, como explicaremos na seção correspondente à pesquisa de campo, podemos citar: a observação, a revisão de documentos, o questionário, as entrevistas, o processamento da informação e a amostragem.

Como anteriormente referimos, para o método empírico-crítico se reserva a *observação*, a *revisão de documentos* (análise de conteúdo), o *questionário*, as *entrevistas*, a *amostragem* e o *processamento da informação* que como técnicas serão explicadas em posteriores seções.

c) Método jurídico comparado **(comparativismo jurídico).**

Também, dependendo dos objetivos da pesquisa jurídica, é legítimo utilizar um método que nos permita obter generalizações teóricas, tomando como base a comparação (confronto) das doutrinas e legislações de distintos sistemas jurídicos (sistemas de direitos nacionais).

A comparação jurídica permite determinar as semelhanças e diferenças existentes entre as legislações nacionais e estrangeiras. Nesse empenho, por exemplo, identificamos em cada um dos textos jurídicos, obras e instrumentos jurídicos (Constituições, códigos, etc.) a forma em que se define ou regulamenta o assunto estudado, para logo comparar tal definição ou regulamentação. Assim, a partir das semelhanças e diferenças conhecidas, generalizamos conclusões referidas a vários sistemas jurídicos históricos e contemporâneos, por exemplo: a) romano e germânico; b) anglo-americano; c) socialista; d) hispano-americano; e) islâmico; f) africanos; etc.

Este método viabiliza o estudo das perspectivas teórica e legislativa que, sobre determinada matéria, vigora nos diferentes países, verificando assim, por exemplo, a necessidade da unificação legislativa ou da aproximação de determinadas legislações às novas exigências contemporâneas. Essa análise, de fato, possibilita contribuir com Bases Legislativas que permitam o aperfeiçoamento, integração e/ou unificação das diferentes legislações nacionais.

Comparar significa examinar simultaneamente duas ou mais coisas ou idéias, para lhes determinar semelhanças, diferenças ou relações. A comparação científica consiste na atividade pela qual se determina o caráter das idéias ou se confrontam duas ou várias coisas, com o objetivo de cotejá-las, igualá-las ou unificá-las.

Em essência, a comparação científica, como ação e efeito de comparar, consiste em "estabelecer sistematicamente semelhanças e diferenças, isto é, pesquisar e relacionar semelhanças e diferenças segundo um método adequado a um objetivo" (FERREIRA, 1998, p. 9). Falamos das diferenças, como também das semelhanças, como conceitos que indicam uma oposição. Assim sendo, numa dada conclusão científica, quanto maiores forem as diferenças, menores serão as semelhanças constatadas.

A comparação científica só é possível se as coisas, idéias ou fenômenos objeto do estudo são comparáveis: análogos, parecidos ou semelhantes e, além da observação e análise, se utiliza uma metodologia que oriente tal processo, permitindo a síntese ou construção de uma conclusão científica.

A escolha da comparação científica como método depende da formulação concreta de determinados objetivos durante o planejamento metodológico das pesquisas. Segundo os ensinamentos de Eva Maria Lakatos e Marina de Andrade Marconi (LAKATOS, 1995, p. 82-83) a comparação científica se realiza com a finalidade de verificar similitudes e explicar divergências. Desta forma, as citadas autoras informam que:

a) o método comparativo serve tanto para as comparações de grupos no presente, no passado, ou entre os existentes e os do passado, quanto entre sociedades de iguais ou de diferentes estágios de desenvolvimento;

b) a comparação científica constitui uma verdadeira "experimentação indireta" que pode ser empregada em estudos de largo alcance (desenvolvimento da sociedade capitalista) e de setores concretos (comparação de tipos específicos de eleições), assim como para estudos qualitativos (diferentes formas de governo) e quantitativos (taxa de escolarização de países desenvolvidos e subdesenvolvidos);

c) a comparação científica pode ser utilizada em todas as fases e níveis de investigação: numa estrutura (regime presidencialista americano e francês); nas classificações, permite a construção de tipologias (cultura de *folk* e civilização); finalmente, em nível de explicação, pode, até certo ponto, apontar vínculos causais, entre os fatores presentes e ausentes;

d) o método comparativo permite analisar os dados concretos, deduzindo dos mesmos os elementos constantes, abstratos e gerais.

As citadas autoras igualmente concluem que o estudo das semelhanças e diferenças entre diversos tipos de sociedades contribui para uma melhor compreensão do comportamento humano. E, nesse sentido propõem-se pesquisas desenvolvidas tendo como objeto o modo de vida rural e urbano no estado de São Paulo, as características sociais da colonização portuguesa e espanhola na América Latina, as classes sociais no Brasil na época colonial e atual, a organização de empresas norte-americanas e japonesas, a educação entre os povos ágrafos e os tecnologicamente desenvolvidos.

Já do ponto de vista jurídico, são chamados de comparados os estudos desenvolvidos sobre teorias (doutrinas) e legislações suscetíveis de comparação, isto é, estudos do conteúdo teórico e legislativo por meio dos quais confrontamos os sistemas (ordens ou ordenamentos), institutos, regras e doutrinas jurídicas nacionais em face das estrangeiras.

Como se observa, a comparação jurídica nem sempre tem a lei pura como objeto principal do processo de pesquisa. Na maioria das vezes os pesquisadores estão interessados em abordar separadamente: a) as relações existentes entre leis pertencentes a uma mesma ordem ou a ordens diferentes; b) os ramos ou famílias jurídicas; c) os institutos, normas e regras ou; d) as teorias e doutrinas jurídicas formuladas sobre um determinado assunto ou fato.

Nesse empenho, para a comparação de direitos são de grande valia os chamados juízos hipotéticos que enunciam ou traduzem, de conformidade com o sentido de uma ordem jurídica – nacional ou internacional – certas condições ou pressupostos fixados por essa ordem, para os quais devem intervir certas consequências determinadas pela mesma ordem (KELSEN, 1995, p. 80). Assim, não se confunda a comparação de tipo estrutural com a comparação de tipo normativo-institucional e teórico-doutrinária.

O problema da construção teórica e metodológica do comparativismo jurídico, continua sendo um desafio para os pesquisadores e historiadores do Direito. Sabe-se que depois de várias décadas de esforços, de formulação e reformulação de teorias, ainda não se adotou, de maneira uniforme, uma definição científica acabada sobre o Direito comparado. Poder-se-ia argumentar que as controvertidas e polêmicas teóricas sobre o Direito comparado têm tido como causa essencial a pluralidade de critérios existentes acerca de sua natureza.

Para alguns autores o Direito comparado é “um ramo de Direito independente”, para outros uma “disciplina científica autônoma” que, com a Filosofia e a História, faz parte das matérias básicas ou fundamentais dos estudos jurídicos universitários. O Direito comparado seria uma disciplina científica, “na medida precisamente em que vai além do conteúdo normativo e da utilização técnica do sistema de direito interno” (ANCEL, 1980, p. 51). Sob tal perspectiva o Direito comparado é uma disciplina “independente e autônoma, tendo por objetivo deduzir do conjunto de instituições particulares um fundo comum, ou ao menos pontos de aproximação suscetíveis de fazer transparecer, sob a diversidade aparente das formas, a unidade profunda da vida jurídica universal” (ANCEL, 1980, p. 25). Outros, porém, consideram que o Direito comparado não tem caráter autônomo, “pois utiliza-se de dados fornecidos pela ciência do direito e pela sociologia jurídica”. (DINIZ, 1999, p. 225)

Também é comum ouvir falar do Direito comparado como uma “ciência” ou como um “método”. Como uma ciência com objeto próprio (pluralidade de ordens jurídicas), “ciência comparada” que, no critério de Maria Helena Diniz, por exemplo: “(...) tem por escopo estudar, simultânea e comparativamente, não só o direito positivo, contemporâneo ou não, de diferentes países, mas também os motivos pelos quais o direito se desenvolveu de modo diverso, nos vários países, com o intuito de uniformizá-lo e orientar, em certos casos, a reforma legislativa no direito nacional” (DINIZ, 1999, p. 224). Como método comparativo, que se subdivide em dois ramos ou vertentes complementares: a *macrocomparação* (comparação de sistemas, ordens ou ordenamentos) e a *microcomparação* (comparação de institutos afins em ordens jurídicas diferentes) (FERREIRA, 1998, p. 30-31). Eis a concepção por nos aceita. Neste último enfoque concebe-se a comparação de direitos como um "método de pesquisa jurídica" que possui procedimentos próprios. Segundo este ponto de vista, o que se defende com estas teorias é a aceitação do caráter científico do método comparado e dos procedimentos metodológicos considerados válidos para a execução da comparação jurídica.

Na nossa opinião, no mundo acadêmico (universitário) o Direito comparado pode ser projetado como disciplina jurídica que possibilita ao estudante novos conhecimentos sobre regras e conceitos específicos. De qualquer forma, a comparação jurídica precisa ser sistematizada, com a finalidade de se incluir nos planos de estudo de todas as carreiras de Direito, como – inteligentemente – se tem feito na maioria das universidades européias e norte-americanas, permitindo-se objetivamente a orientação científica e uniforme dos estudos históricos e comparativos.

Hoje, com muita mais força precisa-se estimular o desenvolvimento de pesquisas comparadas nas universidades, por estarem elas permitindo estabelecer o caráter interdisciplinar dos estudos jurídicos e possibilitando a integração de todos os ramos do direito. Note-se que cada instituto (conjunto de normas, regime ou regra jurídica) e ramo jurídico, seja público ou privado, é suscetível da abordagem comparativa, histórica e etimológica, buscada, na teoria e na prática do Direito, nos diversos países, períodos históricos ou sistemas jurídicos.

Os debates em torno da natureza científica do Direito comparado têm como causa o fato de se considerar se o mesmo constitui, ou não, um conjunto de conhecimentos independentes, isto é, uma "ciência autônoma". A respeito, somos da opinião de que "o Direito comparado não é nem uma ciência, nem mesmo um ramo do Direito (civil, comercial, penal), é constituído por um conjunto de regras positivas metodicamente coordenadas e não há neste sentido uma 'província do direito comparado'. (o Direito comparado não é, por conseguinte, um ramo do Direito); de outro lado, o Direito comparado – isto é, a pesquisa comparativa – é inseparável de seu objeto e suas concepções definem-se em função da finalidade que se lhe atribui (o Direito comparado, ajunte-se então, não é portanto uma ciência). O Direito comparado nada mais é do que o método comparativo aplicado no terreno das ciências jurídicas". (ANCEL, 1980, p. 47)

Os estudos jurídicos comparados possuem um caráter básico e fundamental, pois, entre outras coisas, viabilizam a compreensão da terminologia jurídica e a interpretação das regras de Direito por parte dos estudantes. Esses estudos fornecem conceitos que possibilitam a compreensão do Direito como um todo, podendo ser cada instituto jurídico objeto da abordagem comparativa, facilitando o conhecimento da teoria e da prática da ciência, segundo os diversos países e sistemas jurídicos.

Por meio dos métodos, já vimos, revelam-se as regularidades interna e externa dos fenômenos e processos que se produzem na natureza, na sociedade e no pensamento. Os métodos científicos têm uma importância relevante na obtenção, processamento e sistematização do conhecimento, garantindo, ademais, a veracidade dos mesmos.

Especificamente, o método comparado proporciona os "meios técnicos de suprir lacunas e as imperfeições dos direitos nacionais" (ANCEL, 1980, p. 23). Referindo-se a esse importante assunto o genial historiador Prieto Bonfante (BONFANTE, 1944, p. 13) considera que o método comparado também é um método específico de estudo histórico do Direito. Tal método, afirma o autor, confronta os direitos dos distintos povos, especialmente na fase primitiva de seu desenvolvimento, para escrutar as origens e integrar as lacunas da documentação histórica por meio da analogia de instituições paralelas, partindo da hipótese de que as origens da humanidade e da vida dos povos seguem, em condições análogas, leis uniformes de desenvolvimento.

Coincidindo com tais afirmações, Nelson Saldanha explica que, convergindo para o estudo do Direito, o método comparativo (porque o "Direito comparado", como a "Economia comparada", é antes de tudo método) cria duas problemáticas complementares. O ponto de vista comparativo procura a realidade jurídica no diferente e no semelhante de manifestações culturalmente situadas, referindo-se a sistemas que se classificam de diferentes formas. Do ponto de vista sociológico, afirma o autor, busca-se a realidade do Direito no contexto da realidade social, que é sempre uma determinada realidade, situada e correspondente também a algum sistema (SALDANHA, 1989, p. 52-53). É evidente que com tais conclusões reforça-se o caráter científico do comparativismo jurídico, sendo considerado método e não ciência.

Assim, considerada a comparação do Direito como um método de pesquisa jurídica que objetiva a aproximação, em face da unificação ou do aperfeiçoamento das instituições vigentes em diferentes Sistemas de Direito, para os efeitos da presente seção, definimos o mesmo como sendo um conjunto de procedimentos que orientam a confrontação de sistemas (ordens ou ordenamentos), institutos, normas, regras, teorias e doutrinas jurídicas para, de forma coerente e sistemática, determinar as semelhanças e diferenças existentes entre as legislações e teorias nacionais e estrangeiras.

Assim, o método (comparativo) é constituído por um conjunto de procedimentos específicos, coerentes e racionais que orientam o pensamento do pesquisador durante o desenvolvimento da pesquisa, sendo de grande valia para o enriquecimento da ciência do Direito.

O método comparado constitui-se numa fórmula jurídica complexa que serve para mudar o panorama histórico e as formas clássicas de produção do Direito. Os diversos estudos sobre os direitos estrangeiros permitem o conhecimento e a melhor compreensão dos direitos nacionais, cujas características particulares e semelhanças se evidenciam por meio das comparações com o Direito estrangeiro.

a) Utilidade

Se por um lado o conhecimento da teoria, a história e filosofia jurídica, permite a formação de uma visão completa do Direito, isto é, visão não compartimentada dos problemas jurídicos nacionais, por outro a contribuição do Direito comparado evidentemente repercute no desenvolvimento das diferentes ordens jurídicas nacionais. Tal contribuição alcança grande relevância nas pesquisas, no trabalho legislativo, na interpretação das normas jurídicas por parte dos juízes e demais operadores do Direito e na explicação e construção das novas teorias por parte dos professores e juristas-pesquisadores.

A utilidade da comparação jurídica está na sua evidente contribuição para a unificação dos diferentes direitos nacionais; pois, em princípio, a comparação jurídica permite avaliar as possibilidades da aproximação legislativa às exigências contemporâneas, o que no critério de Pontes de Miranda (1972, p. 6) permite "a renovação e o progredimento do direito nacional, suscitando a rejeição de certas regras e a adoção de outras (o que sugere passos mais firmes nas reformas e nas demolições)". A prática do Direito comparado, por exemplo, para o Direito Internacional público e privado é de fato de grande utilidade para alcançar as integrações regionais, para se lograr a constituição de uma ordem jurídica e a colaboração econômica pacífica. Pois, de fato, "a comunidade dos povos se realiza através de um sistema recíproco de empréstimos e préstimos que torna indispensável o estudo sistemático das leis e as instituições de outras nações". (MIRANDA, 1972, p. 24)

Em essência, as relações socioeconômicas de um país geram relações jurídicas que acabam se diferenciando daquelas que existem noutros países de escasso ou avançado desenvolvimento. Logo, as legislações nacionais acabam sendo diferentes e cambiantes porque também são diferentes e cambiantes as relações socioeconômicas. Tais mudanças econômicas e sociais "constituem o fundo e a razão de ser de toda a evolução jurídica; e o Direito é feito para traduzir em disposições positivas e imperativas toda a evolução social". (MAXIMILIANO, 1996, p. 159)

Em suma, o Direito comparado resulta de grande utilidade para o desenvolvimento e aplicação do Direito, pois por meio dele podemos:

1. Identificar as normas jurídicas correlativas (afins) nas legislações nacionais e estrangeiras, visando confrontá-las para determinar as analogias e diferenças existentes entre os sistemas e institutos e avaliar o desenvolvimento e aproximação das legislações ou instituições jurídicas de diversos países, formando assim o novo Direito positivo contemporâneo.

2. Confrontar teorias e doutrinas jurídicas: conceitos, classificações, interpretações, correlações e generalizações jurídicas com o objetivo de avaliar o nível de reconhecimento e respeito dos princípios gerais do direito nas legislações.

3. Conhecer a natureza e evolução histórica das instituições do Direito, induzindo, coordenando e relacionando as notícias e tradições do passado com o presente.

4. Descobrir e formular os princípios comuns que regem as relações socioeconômicas, jurídicas e políticas das nações civilizadas.

5. Determinar a possibilidade de enriquecimentos recíprocos entre normas jurídicas, sem comprometer a estrutura dos sistemas aos quais pertencem.

6. Fornecer bases jurídicas e conclusões científicas, a partir da experiência nacional e internacional, com o objetivo de aperfeiçoar os diferentes sistemas jurídicos.

b) Vigência

A unificação de direitos continua sendo um desafio para os juristas contemporâneos, pois a integração dos mercados também traz como consequência os desdobramentos institucionais e jurídicos. No processo de integração das legislações nacionais e internacionais, a comparação de direitos resulta ser um método necessário, ao se procurar avaliar a posição que ocupam a regras jurídicas nos diferentes sistemas jurídicos contemporâneos.

Hoje se fala de globalização e de integração econômica como processos internacionais constituídos por uma necessidade do mundo moderno. Nesses termos abordam-se questões essenciais da economia mundial e do Direito neste novo século, possibilitando mudanças nas relações internacionais entre países. A globalização, do ponto de vista econômico, refere-se à internacionalização produtiva do estágio alcançado pela produção internacional. Porém, o conceito de globalização relaciona-se à distribuição mundial dos bens por meio de um sistema de redes privadas, firmas multinacionais, representando a extensão dos mercados e a internacionalização da economia em diversos territórios.

O conceito atual de integração econômica dos países elimina as travas para se tentar lograr o incremento do comércio em determinadas regiões, considerando-se assim as diferentes modalidades: zona livre, união aduaneira, mercado único etc. A integração, porém, não só abarca os setores econômicos, mas também sociais, políticos, culturais e jurídicos. Por esta razão, os pesquisadores (comparativistas) propõem-se buscar a unificação legislativa.

Assim, a tendência de universalização jurídica ressurge hoje não como crença, mas como vontade dirigida a se constituir um único Direito positivo, que reúna todos os direitos positivos existentes e que seja produto não da natureza, mas da história, e que esteja não na origem do desenvolvimento social e histórico. A idéia de um Estado único mundial é a idéia-limite da universalidade jurídica, com um retorno à idéia de um direito natural revelado pela razão, até o estabelecimento de um direito positivo universal. (BOBBIO, 1987, p. 244-245)

c) Função

O problema da unificação e aperfeiçoamento dos direitos nacionais representa o porquê dos estudos comparativos. Tais estudos, em essência, não têm como único objetivo constatar as semelhanças e diferenças existentes entre as legislações e as constantes jurídicas entre os sistemas, mas "construir o direito mundial [...]". (CARNEVALI, 1993, p. 15)

O confronto das legislações nacionais e estrangeiras permite a orientação da ciência do Direito, sob o ideal de se construir um sistema jurídico universal muito mais justo e eficaz. Por esta, e outras razões, a comparação de direitos alcançou uma extraordinária importância para os profissionais que se dedicam a explicar, interpretar e aplicar o Direito. Assim se sabe, por exemplo, que "um grupo de juristas europeus e latino-americanos propuseram-se examinar a conveniência, possibilidade prática e de conteúdo do que deveria ser um 'Código Uniforme das obrigações' para aqueles países de comum tradição jurídica latina". (CARNEVALI, 1993, p. 34)

O caráter permanente e universal de muitos institutos jurídicos também faz pensar na uniformização ou harmonização legislativa. Assim sendo, a notória influência de certas legislações sobre outras, por exemplo, a influência do Direito Civil espanhol nas legislações atuais dos países que outrora foram colônias da Espanha, igualmente estimula a comparação jurídica.

Segundo os ensinamentos de Marc Ancel (1980, p. 50-51), a comparação de direitos tem as seguintes funções:

a) fazer conhecer uma instituição de Direito estrangeiro, isto é, o reconhecimento das grandes famílias do Direito do mundo moderno;

b) procurar uma solução internacional para um problema concreto;

c) confrontar a posição de dois direitos, mesmo que próximos, sobre um determinado assunto;

d) delimitar os parâmetros jurídicos de certas relações internacionais, preparar uma convenção de unificação.

A comparação de direitos tem uma inegável repercussão teórica, prática e metodológica em toda a esfera jurídica.

No âmbito teórico, por exemplo, por meio da comparação jurídica colocam-se as diversas fontes do Direito em termos de "possibilitar a cooperação eficaz à aproximação progressiva dos direitos nacionais, notadamente no terreno do direito das transações comerciais ou do direito negocial" (ANCEL, 1980, p. 46). Nesse contexto, as pesquisas comparadas facilitam a avaliação e conhecimento do complexo de regras em que se enquadra cada caso concreto, graças ao conhecimento dos princípios que determinam a correlação entre as leis dos diferentes tempos e lugares. A pesquisa comparada permite, através da confrontação, avaliar as idéias ou posições teóricas.

As pesquisas comparativas permitem o aprofundamento da história do Direito ou da filosofia jurídica e, servindo ao ensino, facilitam ao jurista um melhor conhecimento e compreensão do seu Direito, ao determinar suas características particulares, evidenciadas por meio da comparação com o Direito estrangeiro.

As pesquisas comparativas revelam, ainda, a teoria geral do Direito, que somente atinge o seu valor quando abstraída da estreita técnica de um sistema particular, enriquecendo a bagagem do jurista, até mesmo o mais graduado, pois lhe fornecem as perspectivas, as idéias, os argumentos que o simples conhecimento de seu próprio Direito não lhe forneceria.

No âmbito metodológico, as pesquisas comparadas estimulam a crítica, contribuindo para o desenvolvimento da ciência jurídica. No terreno prático, o conhecimento do Direito estrangeiro é indispensável para os operadores do Direito: advogados, juízes, árbitros, diplomatas, sendo que todo problema e litígio jurídico internacional pode, em certos casos, permitir a aplicação do Direito Internacional. Como bem afirma Pedro Demo, "nada melhor para a teoria do que uma boa prática e vice-versa". (DEMO, 1983, p. 26)

A pesquisa comparada oferece uma visão muito mais completa (não compartimentada) do fenômeno jurídico, durante a criação do Direito, permitindo redigir de forma mais integral as regras jurídicas. Assim, o método jurídico comparado serve também de referência e auxílio aos trabalhos legislativos desenvolvidos com o objetivo da unificação regional, continental ou internacional, embora seja certo que, durante o processo de criação do Direito, todo legislador deverá observar os valores finais que balizam a sociedade que ele representa.

As leis estrangeiras estão no vasto domínio do conhecimento científico, refletindo-se no espírito dos legisladores no momento da elaboração das leis pátrias. Assim, por meio do comparativismo podem-se preencher as lacunas jurídicas e ainda desvendar a obscuridade na lei, segundo os termos e pensamentos revistos em outras leis que a tornam mais precisa e completa, seja esta nacional ou estrangeira.

De acordo com os ensinamentos de Norberto Bobbio (1987, p. 230-231), objetivando a integração do Direito, pode-se completar a ordem jurídica recorrendo à *hetero-integração ou à auto-integração*. Segundo este importante autor, o primeiro método consiste na integração desenvolvida por meio de duas vias: *a)* recorrendo a ordens jurídicas diversas; *b)* recorrendo a fontes distintas da dominante (lei, na ordem examinada). O segundo método consiste na integração desenvolvida na mesma ordem, no âmbito da mesma fonte dominante, sem recorrer a outras ordens, ou recorrendo minimamente a fontes distintas da dominante. Assim, a *hetero-integração* consiste no dever que o juiz tem de se apoiar, quando existem lacunas, no Direito positivo e no Direito natural, não se excluindo a possibilidade de que uma ordem jurídica recorra a outras. Aqui o autor distingue duas possibilidades:

Primeira, dirige-se a ordens precedentes no tempo. Por exemplo, quando uma ordem vigente recorre ao Direito romano, que é a matriz histórica.

Segunda, referir-se a ordens contemporâneas, como quando a ordem estatal assume normas de outra ordem estatal ou do direito canônico.

A auto-integração do sistema pode ser feita por meio de diferentes métodos para se lograr a expansão lógica do Direito positivo, expansão que coincide com o que em termos gerais pode ser chamado método analógico. É o preconizado sobretudo pela concepção rigidamente positiva do ordenamento que não admite a existência de outras normas que não as positivamente estabelecidas. Diferente é o sistema de integração do ordenamento mediante a busca e aplicação de princípios gerais de Direito, com o que se chega ao que pode ser chamado de integração principal pois à falta de toda norma ou costume sempre existirá um princípio geral de Direito que seja aplicável. (DIEZ-PICAZO, 1995, p. 122)

Os estudos comparados permitem que o pesquisador adote uma "atitude típica diante da realidade, da atitude de dúvida, de crítica, de indagação, rodeada de cuidados para não sermos ingênuos, crédulos, apressados. Tudo isto é questão metodológica (...). É muito válido, portanto, dedicar-se à discussão sobre os caminhos seguidos pelos autores para construir suas teorias, contrastando como outros caminhos. No final buscamos a opção própria metodológica que fundamentaria nossa proposta de ciência". (DEMO, 1983, p. 25)

Assim, justifica-se, uma vez mais, que a comparação de direitos é uma atividade de pesquisa, pela qual nos dedicamos à inquirição de uma parte da realidade sócio-jurídica. O jurista hodierno, além de conhecer as leis de um modo exterior, isto é, aplicadas aos diferentes casos concretos apresentados pela experiência, deve ter consciência da necessidade de conhecer as legislações estrangeiras, pois em geral "a ciência não conhece fronteiras, nem línguas, nem políticas". (ANCEL, 1980, p. 17)

O cientista não poderá dar à ciência do Direito somente uma única visão nacional, reduzindo-o a um complexo de normas internas. O profissional que só se interessa por conhecer o Direito nacional e dominar seu tecnicismo, limita a sua visão do Direito ao simples desempenho técnico, não sendo capaz de entendê-lo em toda sua expressão, isto é, como uma "ciência".

CAPÍTULO 7
O TRABALHO ACADÊMICO

"Tecnicismo e boas referências, teses e argumentos. Eis o que deve definir a cientificidade de um texto: redigir com organização e lógica é redigir bem".

Pablo Jiménez Serrano

7.1 Trabalhos científicos

Todo trabalho científico pode ser definido como sendo o resultado de uma pesquisa, isto é, como um documento que contém informações devidamente ordenadas e sistematizadas obtidas por meio de estudos metodologicamente bem desenvolvidos. A denominação "trabalho científico" abrange toda produção científica que é apresentada em forma de relatórios, artigos científicos, livros, monografias, etc.

7.1.1 Tipos de trabalhos científicos: definições e características

A educação superior abrange cursos e programas de Graduação e Pós-Graduação: mestrado e doutorado que, abertos a candidatos diplomados, atendem às exigências das instituições de ensino em questão.

Uma das exigências desses cursos é a pesquisa e elaboração de trabalho científico que, devido a sua importância e profundidade, são chamados de Trabalho de Conclusão de Curso, Dissertação de mestrado e Tese de doutoramento. Tais trabalhos, como a seguir explicaremos, são verdadeiras monografias que resultam dos estudos desenvolvidos em determinados períodos devidamente pré-fixados pelos programas de Graduação e Pós-Graduação (*stricto sensu* ou *lato sensu*) dos diferentes Centros de Ensino Superior do Brasil.

a) Trabalho de Conclusão de Curso (TCC).

O processo para a produção de um *Trabalho de Conclusão de Curso (TCC)* pode ser visto como um exercício importante desenvolvido em nível de graduação. Tal exercício, além de capacitar o aluno metodologicamente na lógica da argumentação e persuasão, é um poderoso instrumento da aprendizagem, que prepara o formando para enfrentar futuros problemas da ordem teórica e prática.

O processo de pesquisa para a elaboração do *Trabalho de Conclusão de Curso (TCC)* geralmente é desenvolvido nos últimos anos das carreiras universitárias. Porém, visando a melhor integração de conhecimentos, aconselhamos ser feito ainda nos primeiros (terceiro ou quarto) anos das carreiras universitárias.

O desenvolvimento do TCC se refere a uma atividade acadêmica de natureza científica, que pressupõe a alocação de parte do tempo de ensino dos professores em atividade de orientação. As pesquisas neste nível têm como objetivo principal propiciar aos alunos dos cursos de graduação a possibilidade de desenvolver a capacidade criativa e o aprofundamento temático específico, estimulando a produção científica, consulta de bibliografia especializada e o aprimoramento da capacidade de interpretação e crítica científica. É um processo que, de fato, representa um dos primeiros passos a ser dado pelos graduandos, visando formar neles futuros pesquisadores.

- Definição.

Etimologicamente o *Trabalho de Conclusão de Curso (TCC)* pode significar "trabalho único", isto é, um trabalho que, de forma escrita, é desenvolvido sobre um único tema. Assim, o *TCC* se define como um documento que resulta de uma pesquisa e expressa conhecimento do assunto escolhido, que deve ser obrigatoriamente emanado da disciplina, módulo, estudo independente, curso, programa e outros ministrados e que, geralmente, é feito sob a coordenação de um orientador.

A produção desse documento, de fato, permite ao graduando demonstrar haver adquirido determinados conhecimentos e habilidades científicas que lhe permite graduar-se.

- *Características.*

Como principais características do *Trabalho de Conclusão de Curso (TCC)* podemos citar as seguintes:

1. É sempre um trabalho escrito e dissertativo onde, observando-se uma sistematicidade e coerência, o candidato apresenta exaustivamente determinada matéria, abordando aspectos teóricos, históricos, técnicos, econômicos, artísticos, jurídicos etc.

2. É um documento onde o candidato procura dar resposta a determinados problemas científicos ou acadêmicos que afetam o processo de ensino-aprendizagem e a prática científica em geral.

3. É um documento onde o candidato caracteriza, explica e opina sobre determinada situação observada na teoria e/ou na prática das ciências.

4. É um documento resultante de um trabalho de observação, análise, síntese, indução, dedução e/ou comparação onde se procura estabelecer relações entre as teorias e práticas.

O TCC nunca deve ser repetitivo, ou seja, uma cópia de trabalhos anteriormente desenvolvidos. Pelo contrário, ele implica ineditismo; pois, alguma coisa nova precisa ser dita.

b) Dissertação de Mestrado.

Os Cursos de Pós-Graduação *stricto sensu*, ministrados nos níveis de mestrado e doutorado, por exemplo, visam ao aprofundamento da formação cultural, científica e profissional dos candidatos. Tais cursos têm como intuito a formação de docentes e pesquisadores e permitem ao graduado universitário alcançar um nível qualitativamente superior do ponto de vista científico e profissional, desenvolver a capacidade para as pesquisas científicas, técnicas e humanísticas, conduzindo aos graus de Mestre e de Doutor.

Um mestrado é um processo de formação que proporciona aos graduados universitários o domínio dos métodos de pesquisa, cultura científica e conhecimentos atualizados em uma área determinada do saber humano, desenvolvendo habilidades para o trabalho docente e investigativo.

- *Definição.*

O termo dissertação pode representar uma exposição exaustiva de um raciocínio sobre assunto e tema determinado. É um discurso escrito e reflexivo onde se discute sobre um assunto observando, analisando, confrontando determinadas leituras e assumindo uma postura teórica ou científico-metodológica e com finalidades didáticas.

A dissertação se define como um documento que resulta de uma pesquisa, onde há de constar a exposição de um estudo científico, de tema único que tem como objetivo reunir, analisar e interpretar informações, devendo evidenciar o conhecimento de literatura existente sobre o assunto e a capacidade de sistematização do candidato. É feito sob a coordenação de um orientador (doutor), visando a obtenção do título de mestre.

A dissertação de mestrado, de fato, é um trabalho científico que se redige e apresenta com a finalidade de obter o grau científico de mestre em determinada área do saber humano. É um documento escrito que resulta de uma pesquisa teórico-reflexiva sobre determinado assunto e tema cuja dimensão e profundidade se situa entre *Trabalho de Conclusão de Curso (TCC)* e a Tese de doutoramento.

- *Características.*

Entre as características mais relevantes da dissertação de mestrado podemos citar as seguintes:

1. É um documento que resulta de pesquisas teóricas (bibliográficas, históricas, comparadas, etc.) e/ou de campo, desenvolvidas sobre um assunto e tema bem delimitado.

2. É um trabalho próprio e redigido em língua portuguesa, que tem como fim sua apresentação, defesa e divulgação.

3. É um exercício supervisionado por um professor orientador (doutor), onde se demonstra capacidade de análise crítica e sistematização da literatura existente sobre o tema abordado e capacidade de utilização dos métodos e técnicas de investigação científica, tecnológica ou artística.

c) Tese de doutoramento.

O doutorado é o processo de formação que proporciona aos graduados universitários um conhecimento aprofundado em uma área determinada do saber humano; assim como maturidade científica, capacidade de inovação, criatividade para resolver e dirigir a solução de problemas de caráter científico de maneira independente.

- Definição.

A tese de doutoramento consiste num trabalho científico cuja apresentação e defesa conduz à obtenção do título (grau científico) de doutor ou de livre-docência. A tese se define como um documento que resulta de um trabalho de pesquisa que objetiva a exposição de um estudo científico de tema único e bem delimitado. Deve ser elaborado com base em investigação original, constituindo-se em real contribuição para a especialidade em questão. É feito sob a coordenação de um orientador (doutor).

A tese constitui um resultado de grande valia para a ciência onde se desenvolve a pesquisa, pois geralmente representa uma contribuição científica para o desenvolvimento da ciência e compreensão e comunicação do conhecimento científico.

- Características.

Como características da tese de doutoramento podemos assinalar as seguintes:

1. Representa uma contribuição relevante para a área de conhecimento em questão, que satisfaz os requisitos de complexidade exigidos para este nível.

2. Resulta da pesquisa supervisionada pelo professor orientador (doutor) que representa uma contribuição original ao estado da ciência à qual corresponde o tema abordado.

É mister distinguir o Trabalho de Conclusão de Curso (TCC), da Dissertação e a Dissertação da Tese de doutoramento, observando: a) o nível de profundidade; b) a metodologia usada; c) forma de apresentação dos resultados; e d) a finalidade. Note-se também que a arguição geralmente para cada caso é diferente quanto ao tempo e composição da banca, aspecto que em próximas e sucessivas seções serão devidamente abordadas.

Contudo, esses exercícios e documentos permitem adquirir um maior domínio e atualização dos métodos científicos e técnicos característicos da profissão, e que se realizam fundamentalmente em uma das esferas de atuação do profissional, em correspondência com o plano temático ou com as necessidades da produção e dos serviços.

Algumas universidades, amparadas em sua autonomia, têm optado por tirar o *Trabalho de Conclusão de Curso (TCC)* da graduação, pensando-se, erradamente, que tal exercício não é imprescindível para a obtenção do título de bacharel. Ora, se a excelência universitária engloba a projeção dos futuros formandos, o *Trabalho de Conclusão de Curso (TCC)*, além de ser uma avaliação, busca o desempenho acadêmico e a dissertação sobre temas que se investigam. Ele ajuda a integrar conhecimentos e a iniciar o aluno nas pesquisas de cunho científico, aprimorando o futuro desempenho profissional, a independência e a destreza no uso de métodos, técnicas e regras que permitem abordar e resolver os problemas a serem enfrentados na vida profissional.

Há, contudo, uma inferência lógica a respeito: uma universidade que pretere o *Trabalho de Conclusão de Curso (TCC)* limita a formação do conhecimento e o uso dos métodos para a abordagem e resolução de problemas que por razão de tempo e conteúdo as disciplinas omitem. Como resultado disso, observamos nos curso e programas de Pós-Graduação *lato sensu* e *stricto sensu* (especialização, mestrado e doutorado) a ausência de conhecimento e domínio dos métodos e das técnicas de pesquisa científica.

7.2 O projeto de pesquisa

O projeto de pesquisa é um guia ou roteiro onde declaramos o planejamento do que virá a ser processo pesquisa. Eis um documento orientador onde geralmente destacamos, entre outros, os seguintes elementos componentes:

a) título (identificação do tema);

b) programa a que pertence o projeto e sua codificação;

c) definição da situação problema que estimula a pesquisa;

d) problema científico;

e) hipóteses;

f) objetivos;

g) justificativas (objeto e metodologia);

h) benefícios e os resultados que o estudo deve trazer;

i) cronograma;

j) referencial teórico (levantamento bibliográfico inicial que representa o contexto teórico da pesquisa).

Durante a escolha e delimitação do tema devem ser observados os seguintes aspectos:

1. Relevância científica.
2. Tempo para a elaboração do trabalho.
3. Interesses pessoais.
4. Existência e acessibilidade de fontes para consulta.
5. Necessidade de equipamento ou laboratórios;
6. Possibilidade de execução.

Antes da escolha do tema é necessário que o pesquisador desenvolva um estudo bibliográfico, no intuito de aumentar o seu conhecimento sobre o assunto e refletir sobre os possíveis resultados ou benefícios esperados com o desenvolvimento da pesquisa. A respeito da contribuição científica (resultados e benefícios) da pesquisa consideram-se: a elaboração de livros de textos, monografias, dissertações, teses e artigos, bases legislativas, relatórios, etc.

O projeto também deve incluir um cronograma onde se indique a duração (datas de execução) de cada uma das tarefas e ações específicas a serem executadas (ver um exemplo de cronograma na transparência do tema).

Como visto, toda pesquisa que antecede a monografia precisa de um planejamento, que começa com a escolha de um tema que necessariamente ligamos a uma situação problema.

O planejamento de toda pesquisa científica implica o delineamento correto das etapas e procedimentos, tarefas e ações a serem desenvolvidas. Assim, é no "projeto" onde objetivamos tal delineamento, o que orientará todo o proceder científico do pesquisador.

Algumas ações deverão ser privilegiadas, a saber: a) a delimitação de um tema que ligamos a uma situação problema e a um problema científico; b) a construção de hipóteses; c) elaboração e definição de conceitos; d) construção de uma justificativa que envolve um dado objeto, um campo de ação, os objetivos e a metodologia; e) declaração dos possíveis resultados; f) proposta de um cronograma; e g) levantamento bibliográfico inicial. Um planejamento adequado é aquele que observa essa sequência de atividades e dentro das qual privilegiamos:

a) Um estudo e sistematização das teorias precedentes que são pontos de partida para a análise do problema. Aqui analisamos as proposições, concepções, princípios (regra) e modelos existentes e sua relação com o tema, determinando em que medida contribui à solução do problema;

b) Uma revisão documental, consulta a especialistas do ramo e visitas a instituições especializadas (registros, estatísticas, bases de dados, etc.) com o intuito de coletar a maior quantidade de informação possível sobre o assunto estudado;

c) A elaboração de fichas bibliográficas que nos permitem o registro das informações relevantes constatadas nas diferentes obras consultadas;

d) A construção de relatórios parciais, redigindo textos que serão a base de futuros debates com o professor orientador ou com os coletivos de pesquisadores;

e) A derivação de conclusões que guardem uma relação lógica com os objetivos e com toda a pesquisa desenvolvida;

f) A elaboração de um relatório final.

7.2.2 Justificando a pesquisa

Um aspecto importante da pesquisa em geral e da jurídica em particular é seu fundamento ou justificação, isto é, a demonstração da sua necessidade, utilidade, atualidade e oportunidade.

Ante de mais nada, é mister observar que nossos estudos deveriam abordar questões úteis à teoria ou à prática jurídica. É aqui que a escolha do tema se constitui em um momento mais difícil e relevante da pesquisa.

A escolha do tema resulta do processo de captação de uma necessidade acadêmica ou científica que o aluno (candidato) observa, necessidade capaz de estimular o processo investigativo.

Do ponto de vista de seu conteúdo, um tema deve dar a idéia das questões que preocupam ao pesquisador. Do ponto de vista estrutural, o tema é uma proposição que envolve problema ou problemas e que permite aos leitores e avaliadores se formarem uma visão geral do que trata a monografia.

Um tema bem formulado faz referência direta ou indireta ao objeto, ao problema e aos objetivos da pesquisa. O tema deverá estar inserido dentro de um assunto correspondente a uma área de conhecimento humano e pode chegar a ser uma preocupação do pesquisador ou de uma dada comunidade científica.

Assim, a leitura do tema deve permitir a compreensão da existência de uma problemática (situação problema) localizada no ramo e área investigada. É mister a delimitação do tema; pois, é certo que um mesmo assunto pode ser pesquisado de perspectivas diferentes.

Antes da escolha do tema é de grande valia a revisão dos trabalhos já desenvolvidos na área, com o intuito de verificar se o assunto a ser abordado já foi tratado e resolvido em outros estudos. Também é importante a consulta a especialistas que se sabem familiarizados com o assunto e ramo escolhidos.

Como características essenciais do tema de pesquisas jurídicas podemos elencar as seguintes:

a) possuir uma notória projeção socioeconômica e jurídica;

b) deve estar caracterizado pelo ineditismo;

c) ser orientado com vistas a alcançar determinados objetivos;

d) prever o estudo da relação entre fenômenos e proposições, tanto doutrinarias (teórico-valorativas) como prescritivas;

e) projetar a construção e defesa de novas concepções, modelos, conceitos, postura metodológica.

Um tema, em relação a um problema, reduz suas características e aspectos qualitativos ou quantitativos fundamentais que estimulam a iniciação de um estudo.

A primeira coisa a ter em consideração é que a seleção do tema geralmente depende do interesse de um programa ou instituição de ensino ou pesquisa, ou do interesse pessoal do pesquisador, em função das necessidades e estímulos recebidos dos professores ou derivados do próprio trabalho do candidato.

Durante o processo de seleção do tema o pesquisador deve ainda levar em conta seus limites pessoais para a realização da pesquisa, isto é, conhecimento do assunto, possibilidade de acesso às informações e instituições, recursos econômicos, etc.

O processo de seleção do tema se divide nas seguintes fases:

Primeira, idealização, aqui o estudante ou pesquisador desenvolve determinadas operações mentais, por meio das quais se representa, a partir da análise de uma situação problema, a necessidade de abordar uma realidade para procurar a solução de problemas que ainda não foram corretas ou totalmente estudados, mas se sabe que existem. Caso contrário o pesquisador deverá ser capaz de demonstrar sua existência e a necessidade de solução.

Segunda, observação e estudo dos problemas, objetos e fenômenos. A precisão de um tema é possível quando observamos e caracterizamos um fenômeno, processo, coisa ou situação, para compará-lo (determinando suas semelhanças) e discriminá-lo (determinando suas diferenças) de outro fenômeno, processo, coisa ou situação, e quando o classificamos (agrupamos) e definimos para simplificar suas características. É assim que identificamos uma problemática, aspectos e pontos de vista, para localizar as contradições e oposições existentes nos fatos e fenômenos. Aqui se aconselha: a) observar a relação existente entre os fatos jurídicos e suas consequências (situações jurídicas); b) analisar a forma em que se explicam (descrevem) e prescrevem tais relações e fatos, isto é, interpretar (compreender) o sentido e alcance das proposições descritivas e prescritivas; c) verificar a forma em que se ligam, isto é, se associam ditas proposições nos seus respectivos contextos quer doutrinários quer normativos.

Terceira, construção de hipóteses e escolha dos métodos e técnicas necessárias para provar ou reprovar as hipóteses. Assim sendo, após a constatação da situação problema, procuramos expressar os limites de nossa pesquisa por meio de um tema que demarca o conhecimento existente sobre determinada parte do mundo que será pesquisado. A concepção de um problema e, portanto, a formulação de um tema parte de um conhecimento prévio da área e do ramo onde investigamos, sendo sua fonte fundamental o vínculo do conhecido com o desconhecido e da teoria com a atividade prática. É que nas pesquisas se aplicam soluções conhecidas às situações novas, que engendram novos problemas.

Um tema bem delimitado orienta a relação que deve existir entre os diferentes elementos e conceitos básicos componentes do processo de pesquisa ("o quê", "o por quê" e "o para quê"), relação que abordaremos na seção seguinte. Contudo, ao delimitar um tema em relação a um problema, se reduzem suas características e aspectos fundamentais para assim poder iniciar a pesquisa. Essa redução vai desde a área, o ramo e o assunto escolhidos até o tema delimitado. Vejamos os seguintes casos – exemplos:

Caso nº. 1

a) Área escolhida: "Ciências Jurídicas".

b) Ramo escolhido: "Direito Penal";

c) Assunto escolhido: "Crime";

d) Tema delimitado: "Crimes no Código de Trânsito Brasileiro".

Caso nº. 2

a) Área escolhida: "Ciências Jurídicas";

b) Ramo escolhido: "Direito Civil";

c) Assunto escolhido: "Contratação civil";

d) Tema delimitado: "A regulamentação jurídica do contrato de compra e venda na legislação civil vigente".

Caso nº. 3

a) Área escolhida: "Ciências Jurídicas";

b) Ramo escolhido: "Direito do Trabalho";

c) Assunto escolhido: "Processos no Direito de Trabalho";

d) Tema delimitado: "O recurso ordinário na legislação trabalhista".

Observações:

Se não delimitarmos o tema adequadamente será impossível construir o marco teórico da pesquisa. A formulação abrangente do tema impede a abordagem da teoria dentro do limite aconselhável, tornando-se a pesquisa extensa em extremo, sem orientação e sem resultados concretos. Portanto, o estudante-pesquisador deverá captar dentro de uma problemática científica ou acadêmica a necessidade de resolver um problema que ainda não está corretamente definido, mas que se sabe existir.

7.2.3 Indicadores para a avaliação do projeto de pesquisa

Com frequência, alguns profissionais têm a tarefa de avaliar projetos de pesquisas. São os chamados pareceristas quem, no processo de análise e avaliação desses documentos, normalmente observam:

a) a originalidade e a relevância científica ou tecnológica da proposta: consistência das hipóteses;

b) se os dados preliminares indicam o conhecimento suficiente do objeto de pesquisa;

c) se os objetivos específicos são consistentes com o objetivo geral;

d) se a justificativa é procedente e relevante;

e) se o projeto envolve experimentação com seres humanos de forma a requerer análise de suas implicações;

f) se o projeto requer aprovação do Conselho de Ética;

g) se o plano do projeto é compatível para se atingir o objetivo;

h) se o cronograma se mostra viável;

i) se os procedimentos metodológicos são adequados e se existem outras alternativas;

j) se os recursos estão adequadamente dimensionados;

k) a experiência e competência do pesquisador, demonstrada em pesquisas compatíveis com o tema;

l) se a bibliografia é adequada;

m) se os objetivos estão bem definidos;

n) contribuição científica da pesquisa, etc.

7.3 Estrutura da monografia

A estrutura básica da monografia refere-se às partes que a compõem do documento. No geral, cada monografia apresentada como resultado de uma pesquisa se compõe de uma "introdução", onde se destaca a problemática, o problema que se pesquisa, sua atualidade, o objeto de pesquisa, seu campo de ação e o objetivo a alcançar, as hipóteses, o aporte teórico e o significado prático, incluindo também os métodos e procedimentos fundamentais empregados, a análise do marco contextual (os aspectos já investigados, que aparecem na literatura), o resultado do diagnóstico, assim como as tendências determinadas. A introdução é a primeira seção do texto, que define brevemente os objetivos do trabalho e as razões de sua elaboração, bem como as relações existentes com outros trabalhos. A introdução não deve repetir ou parafrasear o resumo, nem dar detalhes sobre a teoria experimental, o método ou os resultados, nem antecipar as conclusões e as recomendações.

Durante o "desenvolvimento" se descreve cada capítulo em relação aos objetivos do trabalho. O desenvolvimento é a parte mais importante do texto, em que são necessários raciocínio lógico e clareza, e deve ser dividido em tantas seções e subseções quantas forem necessárias para o detalhamento da pesquisa e/ou estudo realizado (descrição de métodos, teorias, procedimentos experimentais, discussão de resultados, etc.). As descrições apresentadas devem ser suficientes para permitir a compreensão das etapas da pesquisa; contudo, minúcias de provas matemáticas ou procedimentos experimentais, se necessários, devem constituir material anexo. Todas as ilustrações ou quadros essenciais à compreensão do texto devem ser incluídos nesta parte.

O primeiro e segundo capítulos são elaborados a partir do modelo teórico, nos quais se descrevem (caracterizam) e se explicam o objeto e o aporte teórico da pesquisa, para então, no capítulo final, abordar a derivação prática do modelo teórico, mostrando a realidade modificada pela pesquisa, a partir da análise dos dados e da divulgação dos resultados.

As ilustrações constituem parte integrante do desenvolvimento e desempenham papel significativo na expressão de idéias científicas e técnicas.

As ilustrações compreendem as tabelas e figuras, além de fórmulas e símbolos. Toda ilustração deve ser colocada o mais próximo possível da parte do texto onde é citada, salvo quando por motivos de dimensão isto não seja possível, e devem ser preparadas com toda simplicidade e clareza possíveis, respeitando rigorosamente a normalização existente para cada tipo (tabelas e figuras).

No preparo das ilustrações é importante observar as condições necessárias para eventual redução posterior e os processos de reprodução a serem utilizados (fotocópias, xerocópias, impressão a cores etc.).

As ilustrações devem ter numeração arábica sequencial ao longo da parte textual, de forma independente para as tabelas e para as figuras. Não devem ser incluídas ilustrações que não sejam citadas no texto; neste caso, podem constar em material anexo.

As tabelas constituem uma categoria específica de ilustração. Todas as tabelas, numeradas consecutivamente, devem figurar no corpo do relatório e não devem conter nada além dos pontos considerados.

Uma última questão é a que se refere às "conclusões" e "recomendações". As conclusões refletem os resultados do trabalho de maneira resumida, sem repetir o que já foi dito no conteúdo ou desenvolvimento; com ela se trazem ao leitor todos e cada um dos resultados obtidos, positivos ou negativos, relativos ao problema.

Nesta seção devem figurar clara e ordenadamente as deduções tiradas dos resultados do trabalho ou levantadas ao longo da discussão do assunto.

Dados quantitativos não devem aparecer na conclusão, nem tampouco resultados comprometidos e passíveis de discussão.

O argumento das conclusões deve girar em torno da comprovação das hipóteses; no entanto, cada uma delas corresponderá aos objetivos do trabalho e ao desenvolvimento de cada capítulo; aqui se presume sua relação com o tema, com o problema e com o objeto estudado. É muito importante esta observação, pois em certas ocasiões se concluem aspectos que não foram exaustivamente investigados ou que, pelo menos, não formaram parte do problema ou do objeto de estudo.

Por outro lado, também pode ocorrer que durante o processo de pesquisa surjam outros problemas que geram novas hipóteses.

Estas situações aconselham a abertura de pesquisas, estudos ou verificações; portanto, as conclusões de uma monografia, dissertação ou tese podem enfatizar as bases de novas tarefas de investigação.

As recomendações são consequências das conclusões, que se referem a um conjunto de medidas que devem ser observadas para a solução do problema. Quase sempre com as recomendações se propõem bases legislativas para o momento em que se requeiram modificações legislativas. As recomendações são declarações concisas de ações julgadas necessárias a partir das conclusões obtidas, a serem usadas no futuro.

As conclusões e recomendações constituem uma seção (capítulo) à parte, que deve finalizar a parte textual do relatório. Dependendo da extensão, as conclusões e recomendações podem ser subdivididas em várias subseções, tendo em vista manter a objetividade e clareza.

Igualmente, devem ser oferecidos conselhos úteis para evitar a obscuridade e as deficiências relacionadas às questões formais ou de validade das normas jurídicas, com a análise crítica da justiça e com o estudo da sociologia jurídica.

Em suma, dependendo do estudo realizado e dos métodos utilizados, poderão ser concluídas e recomendadas soluções relacionadas à análise sistemática e integral do ordenamento jurídico e à verificação da condição das proposições que compõem um texto legal determinado.

a) Bases para um modelo.

Com o objetivo de contribuir com um modelo para o desenvolvimento de uma monografia, dissertação ou tese na área jurídica, propomos a seguinte estrutura:

1 Introdução (fundamentação teórica)

1.1 Problemática social e objeto de pesquisa

1.2 Problema científico

1.3 Objetivos

1.4 Hipótese

1.5 Plano exploratório. Bases para as etapas de trabalho

- Análise teórico-jurídica das normas.

- Análise de diferentes documentos relacionados com a temática.
- Consultas a distintos peritos na matéria.

1.6. Métodos e técnicas para a pesquisa

2. Desenvolvimento (por capítulos)

3 Conclusões (em relação aos objetivos e ao desenvolvimento)

- Recomendações (em relação aos objetivos, ao desenvolvimento e às conclusões)

- Contribuições ou resultados obtidos com a pesquisa.

As contribuições ou resultados obtidos com as pesquisas poderão ser incluídos antes das conclusões, seja em um último capítulo, ou depois das recomendações, tal como orientamos neste modelo.

As bases legislativas consistem de um conjunto de proposições prescritivas que servem para elaborar novas disposições jurídicas.

7.3.1 Organização textual

Conforme o senso comum monografia significa a escrita (grafia) sobre um mesmo assunto (mono), isto é, escrita sobre um único assunto, cuja fase de redação consiste na exposição do raciocínio desenvolvido no trabalho de pesquisa. Guiando-se pelas exigências próprias da construção lógica, o autor redige o texto, confrontando as fichas de documentação, criando o texto redacional em que vão inserir-se. Uma vez de posse do encadeamento lógico do pensamento, esse trabalho é apenas uma questão de comunicação literária.

Como documento, a monografia tem uma estrutura lógica, aqui definida como fases:

a) Caracterização, etapa descritiva na qual se define e significa o instituto, fenômeno ou problema que é objeto do estudo: definição, descrição, caracterização, classificação do objeto de estudo farão parte do primeiro capítulo;

b) Explicação, etapa explicativa onde estabelecemos uma relação entre o objeto de estudo e um dado contexto teórico, histórico ou normativo: analisamos, confrontamos, comparamos, constatamos, criticamos, aprovamos, rejeitamos etc.;

c) Resolução, etapa de discussão e solução do problema estudado na qual avaliamos, concluímos, propomos ou recomendamos uma solução para o problema estudado.

Recomenda-se que a montagem do trabalho seja feita por meio de uma primeira redação de rascunho. Terminada a primeira composição, sua leitura completa permitirá uma revisão adequada do todo e a correção de possíveis falhas lógicas ou redacionais. Apesar da clareza e eficiência que o método de fichas possibilita para a redação do trabalho, muitos aspectos desnecessários acabam sobrando no mesmo e só depois de uma leitura atenta podem ser eliminados. (SEVERINO, 1999, p. 83)

A redação, afirma Elisabete Matallo (1997, p. 81), independente da forma (artigo, relatório, monografia, dissertação, tese), envolve os aspectos lógicos (organização lógica do texto), os aspectos formais (linguagem e estilo) e os aspectos estruturais do texto (formatação, diagramação, notas, citações e referências).

> Quanto à linguagem científica, devem ser observados os seguintes pontos, que (internacionalmente) são valorizados pela comunidade científica:
> a) Impessoalidade: todo trabalho deve ser redigido na terceira pessoa do singular com pronome 'se', caracterizando impessoalidade; podemos ainda utilizar expressões como 'o presente trabalho', 'deduzimos', na primeira pessoa do plural.
> b) Objetividade: a linguagem objetiva deve afastar do campo científico pontos de vista pessoais, não fundamentados por dados concretos.
> Não devem ser usadas expressões como 'eu penso', 'parece-me', 'como todo mundo sabe', 'parece ser', que dão margem a interpretações meramente subjetivas e comprometem o valor do trabalho.
> Também devem ser observados como muita atenção os seguintes tópicos:
> *a) Estilo científico*: a linguagem científica é informativa e técnica, de ordem racional, firmada em dados concretos, a partir dos quais analisa, sintetiza, argumenta e conclui, distinguindo-se do estilo literário, mais subjetivo.

> *b) Vocabulário técnico*: a linguagem científica serve-se do vocabulário comum, utilizado com clareza e precisão, mas cada ramo da ciência possui uma terminologia técnica própria, que acompanha sua evolução e que deve ser observada.
> *c) Correção gramatical*: é indispensável. Deve-se procurar relatar a pesquisa com frases curtas, evitando muitas orações subordinadas, intercaladas com parênteses, num único período. O uso de parágrafos deve ser dosado na medida necessária para articular o raciocínio: toda vez que se dá um passo a mais no desenvolvimento do raciocínio, muda-se o parágrafo.
> *d) Recursos ilustrativos*: gráficos estatísticos, desenhos, tabelas são considerados figuras e devem ser criteriosamente distribuídos no texto, e suas fontes devem ser citadas em notas de rodapé. (MATALLO,1997, p. 82)

7.3.1.1 Elementos componentes da monografia

Toda monografia, assim como o projeto da pesquisa há de ser estruturada da seguinte forma:

a) Elementos pré-textuais;

b) Elementos textuais;

c) Elementos pós-textuais.

- Elementos pré-textuais
  - 1.1 Capa;
  - 1.2 Folha de Rosto;
  - 1.3 Ficha catalográfica (para Dissertações e Teses);
  - 1.4 Errata (opcional);
  - 1.5 Folha de aprovação (obrigatório quando houver banca examinadora);
  - 1.6 Agradecimento (opcional);
  - 1.7 Epígrafe (opcional);
  - 1.8 Resumo em língua vernácula (obrigatório);
  - 1.9 Resumo em língua estrangeira (obrigatório para pós-graduação)
  - 1.10 Lista de ilustrações (opcional);
  - 1.11 Lista de tabelas (opcional)
  - 1.12 Lista de abreviaturas e siglas (opcional);
  - 1.13 Lista de símbolos (opcional)
  - 1.14 Sumário (obrigatório)

Exemplo

CENTRO UNIVERSITÁRIO DE BARRA MANSA
PRÓ-REITORIA ACADÊMICA
CURSO DE DIREITO[1]

Título do Trabalho: subtítulo[2]

Autor[3]

Local
Ano[4]

b) Lombada (opcional)[5]

Nome do autor, impresso longitudinalmente e legível do alto para o pé da lombada (esta forma possibilita a leitura quando o trabalho está no sentido horizontal, com a face voltada para cima). Título do trabalho, impresso da mesma forma que o nome do autor, elementos alfanuméricos de identificação, por exemplo: v. 2.

c) Folha de rosto (obrigatório)

A folha de rosto deve conter as seguintes informações:

- nome da instituição;
- nome do autor;
- título do trabalho;

[1] Fonte: Times New Roman, 14, negrito, maiúsculas.
[2] Fonte: Times New Roman, 12, negrito.
[3] Fonte: Times New Roman, 12, negrito.
[4] Fonte: Times New Roman, 12.
[5] Veja-se ABNT NBR 12225.

- subtítulo, se houver, precede ao título principal, dele separado por dois pontos;
- número de volumes (havendo mais de um, deve constar em cada capa a especificação do respectivo volume);
- natureza do trabalho (Tese, Dissertação ou TCC e outros) e objetivo (aprovação em disciplina, grau pretendido e outros); nome da instituição a que é submetido; área de concentração;
- nome do orientador;
- local (cidade) da instituição;
- ano do depósito (da entrega).

Observação: Na folha de rosto e na folha de aprovação, a natureza do trabalho, seu objetivo, o nome da instituição a que é submetido e a área de concentração devem ser alinhados do meio da mancha para a margem direita.

Exemplo:

CENTRO UNIVERSITÁRIO DE BARRA MANSA
PRÓ-REITORIA ACADÊMICA
CURSO DE DIREITO

DIREITO DO CONSUMIDOR:
SENTIDO, ALCANCE E EFETIVIDADE

Pablo Jiménez Serrano

Trabalho de Conclusão de Curso apresentado ao Curso de Direito do Centro Universitário de Barra Mansa - UBM, como requisito parcial para a obtenção do título de Bacharel em Direito.

Barra Mansa
2016

Por obvio, os textos que definem a natureza do trabalho contido na folha de rosto são diferentes. Vejamos, a seguir, os seguintes exemplos.

Exemplo

Textos que descrevem a Natureza do Trabalho

Projeto de Pesquisa

Projeto de pesquisa apresentado ao Curso de Direito do Centro Universitário de Barra Mansa - UBM, como requisito parcial para a aprovação da disciplina Iniciação Científica.

TCC (Nível de Graduação)

Trabalho de Conclusão de Curso apresentado ao Curso de Direito do Centro Universitário de Barra Mansa - UBM, como requisito parcial para a obtenção do título de Bacharel em Direito.

TCC (Nível de Especialização)

Trabalho de Conclusão de Curso apresentado ao Curso de Especialização do Programa de Pós-Graduação em Direito do Centro Universitário de Barra Mansa - UBM, como exigência parcial para a obtenção do título de especialista em Direito Tributário, sob a orientação do professor Doutor Pablo Jiménez Serrano.

Dissertação de Mestrado

Dissertação apresentada ao Curso de Mestrado do Programa de Pós-Graduação em Direito do Centro Universitário de Barra Mansa - UBM, como exigência para obtenção do grau de Mestre em Direitos Difusos e Coletivos, sob a orientação do professor Doutor Pablo Jiménez Serrano.

Tese de Doutorado

Tese apresentada ao Curso de Doutorado do Programa de Pós-Graduação em Direito do Centro Universitário de Barra Mansa - UBM, como exigência para obtenção do grau de Doutor em Direito Humanos e Fundamentais, sob a orientação do professor Doutor Pablo Jiménez Serrano.

d) Ficha catalográfica

Verso da folha de rosto (obrigatório só para trabalhos da pós-graduação) deve conter ficha catalográfica:

Exemplo

FICHA CATALOGRÁFICA

JIMÉNEZ SERRANO, Pablo
COMPREENSÃO EPISTEMOLÓGICA DAS PROPOSIÇÕES JURÍDICAS
São Paulo - SP: 2005
125 f.

Dissertação apresentada ao Centro de Pós-Graduação da Universidade São Judas Tadeu para obtenção do título de Mestre em Filosofia.

Orientador: Prof. Dr. Fernando Herren Aguillar

1. Palavras-chave: Epistemologia, proposições jurídicas, direito.

Universidade São Judas Tadeu - USJT

e) Errata (opcional)

A errata, quando necessária, deve ser inserida logo após a folha de rosto.

Exemplo

Folha	Linha	Onde se lê	Leia-se
28	2	Istuto	Instituto
48	22	biologia	bioética
50	5	fichento	fichamento
68	15	proposição	prescrição
72	11	comopolita	cosmopolita
100	8	contruto	construto

f) Folha de aprovação (obrigatório)

A folha de aprovação deve conter as seguintes informações:

- Nome do autor;
- Título do trabalho;
- Subtítulo, se houver, precede ao título principal, dele separado por dois pontos;
- Natureza do trabalho (Tese, Dissertação ou TCC e outros) e objetivo (aprovação em disciplina, grau pretendido e outros); nome da instituição a que é submetido; área de concentração;
- Data de aprovação
- Nome, titulação e assinatura dos componentes da banca examinadora.

Exemplo

Pablo Jiménez Serrano
Direito do Consumidor: Sentido, Alcance e Efetividade

Trabalho de Conclusão de Curso defendido e aprovado em____/____/______, pela comissão julgadora:

BANCA EXAMINADORA

Nome ____

Titulação ____

Instituição, Local, Estado ______________________________

Avaliação ____

Nome ____

Titulação____

Instituição, Local, Estado ______________________________

Avaliação ____

Nome ____

Titulação ____

Instituição, Local, Estado ______________________________

Avaliação ____

Rio de Janeiro, 2015

g) Dedicatória (opcional)

Elemento por meio do qual o autor presta homenagem ou dedica seu trabalho.

Exemplo

Aos meus pais pelo carinho e compreensão.
A todos os professores que ajudaram no meu trabalho.
Enfim, a todos os funcionários do UBM que contribuíram para conclusão do curso.

h) Agradecimento (opcional)

Elemento que deve ser inserido após a dedicatória, por meio do qual o autor agradece a ajuda e auxílio prestado por colegas, professores e amigos.

Exemplo

AGRADECIMENTOS A NOSSO SENHOR JESUS, por me mostrar o valor da humildade, da persistência, da paciência e do amor. Ao Centro Universitário de Barra Mansa - UBM, por sua extrema excelência e oportuna acolhida. A todos os professores do Curso de Direito, por compartilharem comigo seus conhecimentos. À Srta. xxxxxxxxx, por sua dedicação e auxílio na revisão do trabalho.

i) Epígrafe (opcional)

Pensamento transcrito de um autor, filósofo, cientista etc. que relacionado ao tema, realça a importância do assunto estudado.

Exemplo

> "Jamais considere a Filosofia do Direito como uma simples reflexão sem sentido, mas como uma oportunidade ímpar de aprender a apreender os argumentos com os quais nos deparamos no decorrer da nossa vida acadêmica e prática".
>
> (JIMÉNEZ, 2014, p. 25)

J) Resumo em língua vernácula[6]

O resumo é uma apresentação de ideias concisas e objetivas onde sobressai, em essência, o que foi elaborado no trabalho, devendo-se destacar, além do objetivo, o método os resultados e as conclusões do documento. Deve-se usar o verbo na voz ativa e na terceira pessoa do singular, podendo ter de 150 até 500 palavras e acompanhado de palavras-chave (conjunto de denominações: descritoras do conteúdo do trabalho), que devem ser separadas entre si e finalizadas por ponto.

---

[6] Veja-se: ABNT NBR 6028.

Exemplo

> RESUMO
>
> No presente estudo significa-se a "consciência" no contexto da realidade existencial contemporânea, onde os valores e contravalores conflitam no seio de uma convivência social que se sabe em crise. Com base numa abordagem jusfilosófica, discutem-se importantes conceitos presentes no pensamento moderno, possibilitando, com isso, a construção de uma base conceitual ou terminológica que constituirá o marco teórico para a elaboração de um "modelo" que servirá de instrumento para a edificação da consciência. Investiga-se, assim, a correlação possível entre *consciência*, *realidade* e *atitude* procurando desvendar os fatores que incidem na anticonsciência que, aos efeitos da pesquisa, denominar-se-ia de *Crítico Fenômeno do Vazio* ("V") que hodiernamente sufoca e dissipa nossas crianças e adolescentes. Indica-se a Educação Inclusiva como condição necessária para a concretização de direitos, assinalando-se, assim, a contribuição da Filosofia Moral e da Ciência do Direito para a educação contemporânea. Finalmente, propõe-se um Modelo Educacional: Métodos, Diagnóstico, Instrumentos e Plano de Ações (dilemas e estudo de casos) para a edificação da consciência social: jurídica e moral.
>
> **Palavras-chave**: Educação moral. Direito à educação. Consciência social.

k) Resumo em língua estrangeira

Elemento que deve conter a mesma sequência de frases, ora em língua estrangeira e digitado em folha separada: *Abstract* para o idioma inglês; *Resumen*, para o espanhol; *Résumé*, para o francês e *Riassunto*, para o italiano.

l) Lista de ilustrações (opcional)

Lista de gráficos, quadros, plantas, fluxograma, retratos e outros, elencados na ordem em que se sucedem e acompanhados dos respectivos números de página.

Exemplo

LISTA DE ILUSTRAÇÕES

m) Lista de tabelas (opcional)

A lista de tabelas se constrói na ordem em que se sucedem no texto, e irão acompanhadas do respectivo número de página.

Exemplo

LISTA DE TABELAS

n) Lista de abreviaturas e siglas (opcional)

A lista de abreviaturas e siglas usadas no texto.

Exemplo

LISTA DE ABREVIATURAS E SIGLAS

CPC - Centro de Cultura Popular.

LDB - Lei de Diretrizes e Bases.

MEC - Ministério da Educação e Cultura.

MEB - Movimento de Educação Popular.

PIB - Produto Interno Bruto.

UNESCO - Organização das Nações Unidas, para a Educação, Ciência e Cultura.

o) Lista de símbolos (opcional)

A lista de símbolos usados no texto deve ser elaborada de acordo com a ordem de símbolos apresentada no texto, com seus respectivos significados.

Exemplo

LISTA DE SÍMBOLOS

● Operações

▭ Transportes

♦ Controles

○ Esperas

▯ Arquivo provisório

▯ Arquivo definitivo

p) Sumário (obrigatório)[7]

O sumário é a relação das seções principais e subseções delineadas no texto elencadas na ordem que se sucedem no trabalho. Cada um dos elementos seções e subseções são seguidos do seu respectivo número de página.

A palavra "Sumário" deve ser centralizada e com a mesma fonte utilizada nas seções primárias. Os elementos pré-textuais (agradecimento, epígrafe, resumo, listas) não devem constar no sumário.

[7] Veja-se ABNT NBR 6027.

Exemplo

SUMÁRIO

❑ *Elementos textuais*
2.1 Introdução

2.2 Desenvolvimento

2.3 Conclusão ou Considerações Finais

Os elementos textuais são as três partes fundamentais do trabalho, a saber, introdução, desenvolvimento e conclusão.

a) Introdução

A introdução é a parte inicial do texto, onde se destaca a problemática, a importância (a oportunidade e a relevância) do trabalho (pesquisa), os objetivos, a metodologia utilizada e os conteúdos correspondentes a cada seção principal do documento.

b) Desenvolvimento

O desenvolvimento é a parte principal do texto que define o corpo do trabalho. Diz-se do conjunto de seções e subseções estruturadas de acordo com a abordagem do tema e dos métodos. É onde se expõe, de forma ordenada e sistematizada, o resultado da pesquisa ou estudo desenvolvido.

c) Conclusão

A conclusão é a parte final do texto onde se avaliam dos resultados do estudo desenvolvido e se apresentam as principais considerações, contribuições e recomendações, conforme o problema, as hipóteses e os objetivos delineados.

❑ *Elementos pós-textuais*

3.1 Referências (obrigatório)

3.2 Glossário (opcional)

3.3 Apêndice (opcional)

3.4 Anexo (opcional)

3.5 Índice (opcional)

Elementos pós-textuais são os elementos que complementam o trabalho, a saber, Referências, Glossário, Apêndice, Anexo e Índice.

a) Referências (obrigatório)[8]

Referências é uma relação das obras (fontes: bibliografia, documental etc.) consultadas e citadas no decorrer da pesquisa e da elaboração do trabalho. A composição das referências deve obedecer as seguintes instruções:

- As obras listadas na referência devem ser ordenadas alfabeticamente.
- Cada obra referenciada deve conter os seguintes elementos: sobrenome do autor, nome do autor, título da obra, subtítulo da obra, edição, tradutor, lugar de publicação, editora, ano de publicação, volume.
- Nas referências deve-se utilizar o negrito para destacar o título das obras consultadas.

[8] Veja-se ABNT NBR 6023.

- As referências do final do trabalho deverão ser separadas entre si por dois espaços simples.

b) Glossário (opcional)

O Glossário é a relação, em ordem alfabética, das palavras ou expressões técnicas utilizadas no texto.

c) Apêndice (opcional)

Apêndice é um documento elaborado pelo autor, por meio do qual se objetiva complementar o desenvolvimento do trabalho. O apêndice é identificado por letras maiúsculas, consecutivas, travessão e pelos respectivos títulos.

d) Anexo (opcional)

Anexo é o documento ou conjunto de documentos não elaborado pelo autor, e que auxilia, por meio de sucessivas remissões, na fundamentação, na comprovação e na ilustração das principais tese e argumentos do autor. Os anexos são identificados da seguinte forma: letras maiúsculas consecutivas, travessão e títulos.

e) Índice (opcional)

O índice é uma lista detalhada de assuntos, autores, etc., por meio da qual se facilita a localização dos temas principais tratados no trabalho e sua respectiva paginação.

7.4 Redigindo a monografia

A monografia, dissertação ou tese são documentos que relatam formalmente os resultados obtidos em uma pesquisa, que descrevem a situação de uma questão científica; apresentam informação suficiente, traçam conclusões e fazem recomendações.

Como assinala Umberto Eco (1999, p. 115) uma vez decidido a quem se escreve (à humanidade, não ao examinador), cumpre resolver como se escreve. Problema difícil, pois certamente não existem regras que uniformizem o estilo e o raciocínio lógico da redação. De qualquer forma o autor recomenda:

a) abrir parágrafos com frequência quando for necessário, para arejar o texto, mas quanto mais vezes melhor;

b) escrever o que lhe vier à cabeça, mas apenas em rascunho, eliminando depois as partes parentéticas e as divagações;

c) usar o orientador como cobaia fazendo-o ler os primeiros capítulos, e depois, aos poucos, o resto com boa antecedência;

d) não usar reticências ou pontos de exclamação, nem fazer ironias;

e) definir sempre um termo ao introduzi-lo pela primeira vez. Não sabendo defini-lo, evite-o.

Durante a redação do texto deve-se mostrar criatividade conectando as idéias com estilo próprio e respeitando a terminologia usada na própria ciência. Vejamos, a seguir, as orientações contidas nas ABNTs acerca das modalidades, formatação e do projeto gráfico do trabalho acadêmico.[9]

7.4.1 Formatação

O texto dos trabalhos acadêmicos deve ser apresentado em papel branco de formato A4 (21cm x 29,7cm), digitado na cor preta, com exceção das ilustrações que podem ser coloridas, no anverso das folhas. As folhas deverão apresentar margens esquerda e superior de 3cm e margens direita e inferior de 2cm.

7.4.2 Projeto gráfico

No processo de digitação, deve-se utilizar a fonte "Times New Roman", tamanho 12 para o texto. Para citações diretas de mais de três linhas, notas de rodapé, paginação e legendas das ilustrações e das tabelas, tamanho 10.

Citações diretas no texto, com mais de três linhas, devem ser destacadas com recuo de 4 cm da margem esquerda e sem aspas. Para separação entre parágrafos deve-se usar: a

---

[9] Vejam-se os seguintes documentos: ABNT NBR 14724, ABNT NBR 6024

entrada da primeira linha a partir de 1,2 cm da margem esquerda, sem acréscimo de linha entre parágrafos.

a) Espaçamento

Quanto ao espaçamento o texto deve ser digitado com espaço 1,5 e alinhamento justificado. Devem ser digitados em espaço simples em: citações de mais de três linhas, notas de rodapé, referências, legendas de ilustrações e tabelas, ficha catalográfica, natureza do trabalho, nome da instituição e área de concentração.

b) Alinhamento

O título das seções principais deve começar na parte superior e ser separado do texto que os sucede por dois espaços 1,5. Títulos das subseções devem ser separados do texto que os precede por dois espaços 1.5 e que os sucede por um espaço 1,5.

Título das seções (primárias, secundárias, terciárias, quaternárias e quinarias) deve ser colocado após do indicativo de seção, alinhado à margem esquerda, separado por um espaço. O texto deve iniciar em outra linha.

Ponto, hífen, travessão, parênteses ou qualquer sinal não podem ser utilizados entre o indicativo da seção e seu título. Todas as seções devem conter um texto relacionado a elas.

Exemplo

Passaremos a estudar o Tridimensionalismo Jurídico, teoria estruturalista, relativamente moderna, que objetiva caracterizar e interligar os elementos constitutivos da realidade (fenômeno) jurídica. A verdade é que, como ensina Miguel Reale (2010, p. 35):

> [...] o filósofo, ao indagar da essência do Direito, vê-lo-á também tridimensionalmente, ou seja, como *valor* que, incidindo sobre *relações factuais,* se refrange em um conjunto de *regras* ou *normas.*
>
> Cumpre ponderar que os elementos que compõem o Direito se relacionam entre si através de uma dialética de complementaridade, exigindo uma direção diversa da pesquisa, para captar o sentido dominante de cada momento da juridicidade.
> O Direito é, pois, sempre tridimensional, qualquer que seja seu objeto de indagação, o que importa na necessidade de um tridimencionalismo ao mesmo tempo específico e dinâmico – conforme concordaram comigo, a final Recasens Siches e tantos outros.

A nosso ver, o tridimensionalismo se assenta na ideia de uma dialeticidade entre tais elementos ou dimensões, que a seguir a explicaremos sob o subtítulo *Pressuposto Tridimensional do Direito*.

Fonte: JIMÉNEZ SERRANO, Pablo. **Filosofia do Direito**. Campinas, SP: Alínea, 2014.

c) Indicativos das seções

Cada seção deve ser indicada com número arábico. O indicativo numérico de uma seção e seu conteúdo (ou título) devem ser alinhados à esquerda e separados por um espaço. Os títulos sem indicativos numéricos (ex: errata, agradecimentos, listas, resumos, sumário, referências, glossário, apêndice(s), anexo(s) e índice(s)) devem ser centralizados.

Os títulos das seções devem ser destacados em negrito e colocados após a sua numeração e dela separado por um espaço. Os títulos das seções primárias devem começar em página ímpar (anverso), a ser separado do texto que os sucede por um espaço entre as linhas de 1,5. Da mesma forma, os títulos das subseções devem ser separados do texto que os precede e que os sucede por um espaço entre as linhas de 1,5. Títulos que ocupem mais de uma linha devem ser, a partir da segunda linha, alinhados abaixo da primeira letra da primeira palavra do título. O conteúdo dos títulos, das seções e subseções deve finalizar com um ponto (ponto final). O indicativo de uma seção secundária é constituído pelo número da seção primária a que pertence, seguido do número que lhe for atribuído na sequência do assunto e separado por ponto. Repete-se o mesmo processo em relação às demais seções.

d) Numeração progressiva

Para evidenciar a sistematização do conteúdo do trabalho deve-se adotar a numeração progressiva para seções do texto. Deve-se limitar a numeração progressiva até a seção quinaria.

Os diversos assuntos de uma seção que não possuem título poderão ser subdivididos em alíneas (subdivisão de um documento, indicado por uma letra minúscula e seguida de parênteses) e subalíneas (subdivisão de uma alínea).

O uso das alíneas deverá observar a seguinte disposição: o trecho final do texto correspondente, anterior às alíneas, termina em dois pontos. As alíneas são ordenadas alfabeticamente, as letras indicativas das alíneas são reentradas em relação à margem esquerda, o texto da alínea começa por letra minúscula e termina em ponto-e-vírgula, exceto a última que termina em ponto; nos casos em que se seguem subalíneas, a terminação é feita em vírgula.

As subalíneas devem começar por um hífen, colocado sob a primeira letra do texto da alínea correspondente e dele separadas por um espaço.

Exemplo 2:

Seção primária	Seção secundária	Seção terciária	Seção quaternária	Seção quinaria	Alínea	Subalínea
1	1.1	1.1.1	1.1.1.1	1.1.1.1.1	a)	-
2	2.1	2.1.1	2.1.1.1	2.1.1.1.1	b)	-
3	3.1	3.1.1	3.1.1.1	3.1.1.1.1	c)	-
4	4.1	4.1.1	4.1.1.1	4.1.1.1.1	d)	-

5	5.1	5.1.1	5.1.1.1	5.1.1.1.1	e)	-
6	6.1	6.1.1	6.1.1.1	6.1.1.1.1	f)	-

e) Paginação

As folhas ou páginas pré-textuais devem ser contadas, mas não numeradas. A numeração deve figurar, a partir da primeira folha da parte textual, em algarismos arábicos, no canto superior direito, a 2 cm da borda superior, ficando o último algarismo a dos cm da borda direita da folha.

Se o trabalho for dividido em mais de um volume, a numeração das folhas deverá ser sequencial. Havendo apêndice e anexo, suas folhas devem ser numeradas de maneira contínua e sua paginação deve dar seguimento ao texto principal.

f) Siglas

Ao constar pela primeira vez no texto, deve-se escrever por extenso o significado das siglas entre parênteses. Exemplo: Centro Universitário de Barra Mansa (UBM). Caso seja necessário repeti-la, basta mencionar somente a sigla. Exemplo: UBM.

g) Equações e fórmulas

Equações e fórmulas devem aparecer em destaque no texto a fim de facilitar a leitura. Na sequência normal do texto, é permitido o uso de uma entrelinha maior que comporte seus elementos (expoentes índices e outros). Quando destacadas do parágrafo, são centralizadas e se necessário, enumeradas. Quando fragmentadas em mais de uma linha, por falta de espaço, devem ser interrompidas antes do sinal de igualdade ou depois dos sinais de adição, subtração, multiplicação e divisão. Exemplo: $x^2 . y^3 = z^3$.[10]

[10] Informação Disponível em: <biblioteca.ibge.gov.br/visualização/livros/liv23907.pdf> Acesso em 10, 15, 2014.

h) Ilustrações

A identificação de ilustrações (plantas, desenhos, mapas, gráficos, fotografias, organogramas e outros) deverá aparecer na parte inferior, precedida da palavra designativa, seguida de seu número de ordem de ocorrência no texto, em algarismos arábicos, do respectivo título ou legenda explicativa de forma breve e clara. É aconselhável que as ilustrações estejam próximas do trecho a que se referem. Deve-se indicar a fonte no sistema autor data após a legenda.

i) Tabelas

As tabelas devem-se destacar no texto, proporcionando leitura rápida dos dados. As tabelas devem receber título e numeração consecutiva própria, ao longo do trabalho. Essa numeração, em algarismos arábicos, deve ser precedida da palavra TABELA. As tabelas devem estar localizadas próximas ao local do texto em que foram mencionadas, evitando-se referências tais como, "na tabela abaixo" ou "na tabela acima"; privilegiando-se o uso de formas explícitas como, por exemplo: "na tabela 8", "os dados apontados na tabela 10". O título da tabela deve ser colocado na parte superior e a fonte utilizada abaixo da tabela no sistema autor data.

7.4.3 Citações

A citação é a menção de uma informação importante e oportuna, retirada de uma fonte: doutrina, documento etc.

Um texto sem citação é um texto onde o autor não considera os critérios mais relevantes emitidos sobre o tema por outros autores. Porém, durante o desenvolvimento das pesquisas é importante recordar que um assunto não deve se isolar das teorias contemporâneas e relevantes; o pesquisador não está só, pois o próprio desenvolvimento científico pressupõe o tratamento sucessivo de teorias. Assim, qualquer tema, por inédito que ele seja, pode ter sido abordado em outros estudos ou pode guardar relação com outro assunto já estudado.

Nas pesquisas não necessariamente teorias têm que ser criadas; podemos estar pesquisando um assunto com o objetivo de enriquecer as teorias já existentes com novos argumentos; aqui a criatividade consiste em lograr novos resultados com métodos científicos.

Desta feita, o pesquisador, sem excesso, precisa se auxiliar dos critérios mais relevantes formulados sobre o tema, e uma das técnicas que possibilita esse auxilio é a citação, com a qual se enriquece e se atualiza o trabalho de pesquisa.

7.4.3.1. Objetivos das citações

Os objetivos das citações podem ser diversos, segundo os objetivos da pesquisa ou o interesse do pesquisador.

Geralmente, com as citações se argumenta e se fundamenta uma idéia ou informação. No entanto, com o uso da técnica da citação o pesquisador pode:

a) *Acrescentar informações*: enriquecendo o texto com argumentos utilizados por outros pesquisadores. A informação pode ser acrescentada em forma direta, ou indiretamente segundo seja o tipo de citação utilizada (direta ou indireta).

b) *Reafirmar a opinião de outro autor ou autores*: usando a afirmação de outros autores para fundamentar determinada tese, opinião ou conclusão. São citações confirmatórias ou comprobatórias.

c) *Rejeitar uma afirmação*: criticando as idéias e criando um conflito de critérios, por meio da negação de afirmações, gerando a análise e as conclusões certas sobre determinado assunto pesquisado. Assim, é usual elaborar citações textuais onde são formulados critérios e conclusões opostas aos critérios estabelecidos em pesquisas anteriores.

d) *Generalizar cientificamente*: possibilitando as generalizações científicas das teorias.

e) *Criticar o conteúdo legislativo*: elaborando comentários aos textos legais (diretos ou indiretos) para avaliar o desenvolvimento das legislações contemporâneas, a validade e coerência das normas jurídicas.

Observações:

Na elaboração das citações e comentários de textos legais, evite-se usar as seguintes expressões:

1. "O CDC diz [...]";
2. "O código fala [...]";
3. "O código deseja [...]";
4. "A lei pretende [...]";
5. "A lei declara [...]";
6. "O CDC determina [...]";
7. "A lei explica [...]".

7.4.3.2. Formas que caracterizam as citações

Durante a redação do texto é importante lograr estabelecer nexos entre cada parte do mesmo (parágrafos, seções e capítulos). E esses nexos podem-se lograr por meio das citações.

Existem diferentes formas de inserir lógica e coerência às citações no texto. A respeito desses recursos vejam-se os seguintes exemplos (HENRIQUES, 1999, p. 130):

Citação a favor	**Citação contra**
Também Kelsen...	Outros, porém...
Igualmente Santo Tomás...	Enquanto para...
Já era esse o entendimento de...	Asseguram outros...
É a tese sustentada por	Para uma terceira corrente...
Comungam com a afirmação...	Já fulano tem outra opinião...
Sufragam a mesma opinião...	Combate Clóvis esse ponto...
À mesma idéia filia-se...	Acreditamos, porém...

Pode-se igualmente, enriquecer o texto com críticas e generalizações científicas, usando-se as seguintes expressões:

Generalização científica	**Crítica ao conteúdo legislativo**

No Direito Penal contemporâneo...	Tal comando...
Muitos autores...	O teor do artigo...
A doutrina relativa aos...	Pelas disposições dos artigos...
Outros juristas formularam	No caso da legislação...
Comungam com a afirmação...	O próprio texto...
Os romanos se dedicaram...	Aliás, outra não é a previsão do Código...
O conceito moderno...	Dessa forma, se estabelecem regras...

7.4.3.3 Tipos de citações

A citação bibliográfica, já vimos, é uma menção no texto de uma informação colhida em outra fonte. Elas podem ser classificadas da seguinte forma:

a) Citação direta (transcrição): é a transcrição textual de parte da obra consultada. Diz-se da reprodução das próprias palavras do texto citado, citação de primeira mão, colhida do autor cujo livro está em mãos. Deve ser direta e deve vir entre aspas, como todas as citações e com indicação da fonte, seja em rodapé, seja pelo sistema autor/data.

A citação direta é também conhecida como *literal* (*ipsis litteris, litteratim*): citação ao pé da letra (literalmente), fielmente, exatamente como está no texto, mesmo com eventuais erros. Caso haja algum erro, colocar-se-á imediatamente após ele o advérbio latino *sic* (assim, assim mesmo) entre parênteses ou itálico. O mesmo *sic* usa-se, também, para sinalizar estranheza, contradição, inadequação.

b) Citação indireta: é o texto parafraseado e baseado na obra consultada (neste caso não se faz necessário o uso das aspas duplas e a indicação das páginas consultadas é opcional). Decerto que ela pode ser elaborada a partir de uma transcrição (reprodução das próprias palavras do texto citado) ou paráfrase (citação livre do texto), direta ou indireta, de fonte escrita ou oral. *Citação parafraseada* significa citação livre do texto, transcrição do pensamento ou da idéia original de um autor com vocabulário próprio e estilo próprio. Igualmente, a citação *condensada* é citação indireta. Ela consiste no resumo, na síntese do que se consultou sem se alterar a idéia do autor, sem apresentar juízos de valor ou comentários de ordem pessoal.

c) Citação de citação: é a citação direta ou indireta (citação de segunda mão) de um texto em que não se teve acesso ao original. Cita-se um autor por intermédio de outro; identifica-se a citação indireta pelo uso da preposição latina *apud* (em, citado por). Nessa forma de citação identifica-se a obra diretamente consultada; o autor e/ou a obra citada nesta é indicado da seguinte forma:

> "Luis Diez-Picazo aconselha estabelecer uma distinção entre norma jurídica, regra jurídica e lei, ao explicar que se a escrita de uma norma jurídica pode coincidir com uma lei" (*Apud* AQUILINO, 1992, 60)
>
> **ou**
>
> DIEZ Picazo, Luis. *Teoría del Derecho*. Barcelona 1973, p. 103-104, *apud* AQUILINO Iglesia, Ferreiró. *La creación del Derecho. Una historia de la formación de un derecho estatal español.* España: Signo, v.1. 1992, p. 60.

Evite-se citar *apud* quando as obras são facilmente encontráveis. Contudo, é preferível citar o autor diretamente da sua obra original.

Quando se tratar de dados obtidos por informação oral (palestras, debates ou comunicações), deve-se indicar entre parênteses a expressão: informação verbal. Por exemplo:

> Josep Aguiló constatou que vários filósofos veem a validade diferentemente; por exemplo, para Kelsen a validade era a forma específica de existência das normas, enquanto que para Alchourrón e Bulygin equivaleria a pertencer a um sistema jurídico (informação verbal).

Na citação de trabalhos em fase de elaboração, trabalhos não publicados, deve ser mencionado o fato, indicando-se os dados bibliográficos disponíveis. Por exemplo:

> Segundo a nova terminologia usada no Projeto do Código Civil Brasileiro (em fase de elaboração), o contrato é considerado como relação jurídica bilateral [...].

Nos trabalhos acadêmicos é possível realizar citação de normas jurídicas. Pode-se fazê-la de forma literal (praxe mais comum) ou por paráfrase (uso menos comum). Em caso de citação literal, elas podem ser precedidas da expressão latina *in verbis*.

Observação: em normas jurídicas conhecidas, citam-se a expressão identificadora e a sigla correspondente: Código Civil (CC), Código de Processo Penal (CPP), Código Processual Civil (CPC), Código de Defesa do Consumidor (CDC); não sendo necessário, pois, informar o número da lei que lhe deu eficácia. Nas demais vezes em que tais códigos são citados, basta o uso da sigla.

A citação de brocardos, expressões e termos latinos deve-se colocar em itálico. Segundo a relevância da questão, poderão ser feitas citações de conteúdo histórico ou jurisprudencial.

7.4.3.4 Sistemas de citações

Do ponto de vista do sistema de chamada, as citações podem ser indicadas no texto pelos sistemas "numérico" ou "autor-data", respeitando-se o sistema de pontuação estabelecido pela Associação Brasileira de Normas Técnicas. Qualquer que seja o método ou sistema de citação adotado, deve ser seguido consistentemente ao longo de todo o trabalho.

a) Sistema autor-data

Este sistema, diz Umberto Eco (1999, p. 134-135), pressupõe que a bibliografia final evidencia o nome do autor e a data de publicação da primeira edição do livro ou artigo [...]. Trata-se de um sistema particularmente recomendável quando se faz necessário citar uma sucessão de livros, e com frequência o mesmo livro, evitando destarte as notas de *ibidem*, *ibid*, *op, cit.* e assim por diante.

No sistema autor-data a indicação da fonte é feita pelo sobrenome do autor ou pela instituição responsável ou, ainda, pelo título de entrada seguido da data de publicação do documento, separados por vírgula e entre parênteses. Vejam-se os seguintes exemplos:

Exemplo de citação direta:

- **No texto**

Daí, "o desafio da Filosofia do Direito é a compreensão de que o fenômeno jurídico é muito mais amplo do que o Direito posto pelo Estado, praticado nos tribunais e ensinado nas faculdades de Direito". (GRAU, 2004, p. 38)

- **Na lista de referências**

GRAU, Eros Roberto. O Direito posto, o Direito pressuposto e a doutrina efetiva do Dreito. In, **O que é a filosofia do direito?** Barueri, SP: Manole, 2004.

Quando o nome do autor estiver incluído na sentença e a citação não for direta, indica-se apenas a data, entre parênteses. Por exemplo:

Exemplo de citação indireta:

- **No texto**

Veremos, pois, que para alguns autores, a Filosofia Jurídica deve-se ocupar do justo e do injusto, por ser esse seu objeto. Já para outros, o justo e o injusto estão fora do alcance do jurista, e são objeto de estudo da Ética. (BITTAR, 2009, p. 54).

- **Na lista de referências**

BITTAR, Eduardo Carlos Bianca. *Curso de Filosofia do Direito.* 7. ed. São Paulo: Atlas, 2009.

Quando o nome do autor estiver incluído na sentença e a citação for uma citação de citação (indireta), indica-se *apud*, e os dados da obra do autor que cita, entre parênteses. Por exemplo:

Exemplo de citação de citação:

Para DIEZ-PICAZO (*apud*, SERRANO, 2002, p. 13) "interpretar é atribuir o sentido à norma jurídica, observando a realidade ou fenômeno vinculado a ela. A interpretação jurídica é a atividade pela qual se busca o sentido e significado das normas jurídicas, através dos textos ou signos de exteriorização".

Obs.: *Apud* é a única expressão latina que sempre em itálico, poderá ser citada no corpo do texto.

Quando houver coincidência de autores com o mesmo sobrenome e data de edição, acrescentam-se as iniciais de seus prenomes; se mesmo assim coincidir, escreva-se por extenso o prenome. Por exemplo:

(RODRIGUES, A., 1999)	(RODRIGUES, Leonardo, 1997)
(RODRIGUES, E., 1999)	(RODRIGUES, Lina, 1997)

Quando houver citações de diversos documentos do mesmo autor e mesma data serão distinguidas por letras minúsculas do alfabeto acrescidas ao ano. O mesmo deverá acontecer nas referências para que se possa localizar a letra correspondente.

(RODRIGUES, A., 1995a, p. 32)
e
(RODRIGUES, A., 1995b, p. 78)

Citações indiretas de diversos documentos da mesma autoria, publicados em anos diferentes e mencionados simultaneamente, têm as datas separadas por vírgula.

(RODRIGUES, A., 1999, 2000, 2001, 2002)

Quando houver citações indiretas de diversos documentos de vários autores, mencionados simultaneamente são separadas por ponto-e-vírgula, estabelecendo-se a ordem alfabética.

Para alcançar a felicidade devemos estar de bem com a vida (RODRIGUES, 2010; SERRANO, 2012; MENDIETA, 2014).

Caso seja necessário destacar um trecho da citação direta, deve-se usar a expressão "grifo nosso" ou "grifo do autor" entre parênteses. Exemplos:

Grifo nosso em citações de mais de três linhas

Acerca da moralidade subjetiva, ensina Hegel (1997, p. 113), ela representa o lado real do conceito da liberdade,

> Aqui, o progresso consiste em ultrapassar a vontade que só existe para si e que começa por só em si ser idêntica com a essência da **vontade universal**. Suprimindo esta diferença que a mergulha na sua particularidade, a vontade torna-se para si idêntica à vontade que existe em si. Este movimento constitui uma organização deste novo domínio da liberdade, em que a subjetividade, inicialmente abstrata ou distinta do conceito, se lhe torna adequada e a idéia encontra a sua verdadeira realização, pois a vontade subjetiva alcança determinações que também são objetivas e, portanto, verdadeiramente concretas. (Grifo nosso)

Grifo nosso em citações de menos de três linhas

[...] a proposição é um **constructo linguístico** [...] (Bunge, 2001, p. 46, grifo nosso).

[...] desejo de criar uma literatura **independente, diversa** [...] (CANDIDO, 1993, v. 2, p. 12, grifo do autor)

Caso seja necessário inserir a tradução de um texto ou citação de autor consultado, deve-se usar a expressão "tradução nossa" entre parênteses.

O que é a Bioética? Conforme a construção da palavra, Bioética (do grego *bio* = vida e *ethos* concernente à ética) pode significar a "ética da vida", uma Ética social: "uma dimensão da filosofia prática, cuja reflexão se nutre das situações vividas a diário por cada um de nós como sujeitos que interagimos socialmente" (ARPINI, 2008, p. 8, tradução nossa).

Se nenhuma data de publicação, distribuição, copirraite, impressão etc. puder ser determinada, registra-se uma data aproximada entre colchetes, conforme indicado.

a) [1981 ou 1982] um ano ou outro;

b) [1989?] para data provável;

c) [1990] data certa, não indicada no item;

d) [entre 1908 e 1918] use intervalos menores de 20 anos;

e) [ca. 1960] data aproximada;

f) [199-] para década certa;

g) [199-?] década provável;

h) [19--] século certo;

i) [18--?] século provável.

Os meses devem ser abreviados no idioma original da publicação. Exemplo.

	Janeiro	fevereiro	março	abril	maio	junho	julho	agosto	setembro	outubro	novembro	dezembro
Português	Jan.	Fev.	Mar.	Abr.	Maio	Jun.	Jul.	Ago.	Set.	Out.	Nov.	Dez.
Espanhol	Ene.	Feb.	Mar.	Abr.	Mayo	Jun.	Jul.	Ago..	Set.	Oct.	Nov.	Dic.
Italiano	Gen.	Feb.	Mar.	Abr.	Mag.	Grug.	iugl.	Ago.	Set.	Ott.	Nov.	Dec.
Francês	Jan.	Fév.	Mars	Avr.	Mai.	Juin.	Joil.	Aout.	Sept.	Oct.	Nov.	Dec.
Inglês	Jan.	Feb.	Mar.	Apr.	May.	June.	July.	Aug.	Sept.	Oct.	Nov.	Dec.
Alemão	Jan.	Feb.	Mäz.	Apr.	Mai.	Juni.	Juli.	Aug.	Sept.	Okt.	Nov.	Dez.

b) Sistema de nota de rodapé.

O sistema de nota de rodapé (numérico) possibilita, entre outras coisas: indicar a fonte bibliográfica, acrescentar ao assunto discutido do texto outras indicações bibliográficas de reforço, fazer remissões internas e externas, ampliar as afirmações que se fizeram no texto, corrigir afirmações do texto, dar tradução de uma citação que é necessário fornecer em língua estrangeira, ou versão original da citação.

Quando o sistema adotado no trabalho for autor-data a nota de rodapé deve ser usada para indicar unicamente:

- a fonte de uma informação verbal inserida no texto;
- a citação de trabalhos em fase de elaboração;
- a nota explicativa de um evento ou acontecimento comentários, esclarecimentos ou explanações, que não possam ser incluídos no texto;
- a versão original de alguma citação traduzida no texto;
- a remissão a outras partes da obra (ex. Anexo) em que o assunto foi abordado.

As notas de rodapé devem ser digitadas dentro das margens do texto, com tamanho de letra 10 e com um espaço simples de entrelinhas. A numeração das notas de rodapé deve ser única e consecutiva, devendo ser feita por algarismos arábicos. Vejam-se os seguintes exemplos.

a) Informação verbal inserida no texto;

- **No texto**

Dissemos que a educação é instrumento basilar para a inclusão e da cidadania (informação verbal)[1].

- **No rodapé da página**

[1] Definição fornecida por Pablo Jiménez Serrano na aula de Educação, Inclusão e Cidadania no Curso de Mestrado em Direito do Centro Universitário Salesiano de São Paulo, Lorena em 10 de maio 2014.

b) Nota explicativa de um evento ou acontecimento comentários, esclarecimentos ou explanações, que não possam ser incluídos no texto:

- **No texto**

Por "justo equilíbrio moral"[1] entendemos um estado ou disposição do ser, referência devida de nossos atos para com os outros. Trata-se, pois, de um estado de disposição que, particularmente, Aristóteles (1992. p. 35) chamaria de "excelência moral" (excelência moral como produto do hábito, razão pela qual seu nome é derivado), uma classe de disposição que, de acordo com o citado autor, seria diferente da excelência intelectual.

- **No rodapé da página**

[1] Justo equilíbrio moral se sabe sempre condicionado a normas (jurídicas e morais), conforme afirmações de SERRANO (2014).

c) Informação em fase de elaboração:

- **No texto**

Logo, a educação moral deve ser levada a sério, caso contrário não haverá ordem nem progresso (em fase de elaboração)[1].

- **No rodapé da página**

[1] **Fundamentos do Direito à Educação**: Dimensões e Perspectivas da Educação Moderna, de autoria de Pablo Jiménez Serrano, no prelo.

d) Versão original de citação traduzida no texto:

- **No texto**

Sem descuidar a importância das dimensões subjetiva e normativa da moral, a ética social se apresenta como uma forma de objetivação da moral preocupada por resolver os problemas que afetam a vida dos homens em sociedade.[1] (ARPINI, 2008, p. 8).

- **No rodapé da página**

[1] Sin descuidar la importancia de las dimensiones subjetiva y normativa de la moral, la ética social se recorta como una forma de objetivación de la moral preocupada por resolver los problemas que afectan la vida de los hombres en sociedad.

e) Remissão a outras partes da obra (ex. Anexo) em que o assunto foi abordado:

- **No texto**

A violência é, de fato, um fenômeno que atinge a todos os países da América Latina[1].

- **No rodapé da página**

[1] Veja-se Relatório de Desenvolvimento Humano Regional (RDH) 2013-2014 do Programa das Nações Unidas para o Desenvolvimento (PNUD), em anexo.

No sistema de nota de rodapé as citações devem ter numeração única e consecutiva para todo o documento ou por capítulo. Deve-se evitar recomeçar a numeração das citações a cada página.

Quando for adotado o sistema de nota de rodapé no trabalho na organização das citações é necessário mencionar os dados indispensáveis à identificação. Estes dados podem aparecer no texto, em nota de rodapé ou em lista no fim do texto, indicando-se as fontes das citações.

A primeira citação de uma obra deve ter sua referência bibliográfica completa. As citações subsequentes da mesma obra podem ser referências de forma abreviada, desde que não haja referências intercaladas de outras obras do mesmo autor. Na indicação destas referências subsequentes, podem ser adotadas as expressões latinas:

a) Idem - Id. (mesmo autor)

Exemplo:

[1] JIMÉNEZ SERRANO, Pablo. **Teoria do Direito.** Rio de Janeiro: Jurismestre, 2015, p. 10.
[2] Id., 2007, p. 13.

b) Ibidem - Ibid. (na mesma obra)
Exemplo:

[1] BOBBIO, Norberto. **A era dos direitos**. Trad. de Carlos Nelson Coutinho. Rio de Janeiro: Elsevier, 2004, p.12.
[2] Ibid., p. 48.

c) Opus citatum – op. cit. (opere citato – obra citada)
Exemplo:

[1] HERREN Aguillar, Fernando. **Metodologia da Ciência do Direito**. 3. ed. São Paulo: Max Limonad, 2003.
[2] KANT, Emmanuel. **Doutrina do direito**. Trad. Edson Bini. São Paulo: Ícone, 1993, p. 123.
[3] HERREN, op. cit., p. 33.

d) Passim (aqui e ali, em diversas passagens)
Exemplo:

[5] JIMÉNEZ, 2015, passim.

e) Loco citato – loc. cit. (no lugar citado)
Exemplo:

[6] KELSEN, 1995, p. 30-33.
[7] KELSEN, loc. Cit.

f) Confira, confronte – Cf. (é utilizado na citação indireta)
Exemplo:

[8] Cf. LARENZ, 1983.

g) Sequentia – et seq (seguinte ou o que se segue)
Exemplo:

[9] MARQUES, 1998, p. 26 et seq.

Obs.: As expressões Id., Ibid., op. cit., cf. só podem ser utilizadas na mesma página ou folha da citação a que se referem; somente a expressão apud poderá ser utilizada no corpo do texto.

7.4.3.5 Sistema de pontuação correspondente às citações

A pontuação a se utilizar nas citações também deve ser consistente e deve se generalizar a todo o trabalho. Assim, os elementos da referência bibliográfica (nome do autor, título da obra, edição, impressão e notas especiais) devem ser separados entre si por uma pontuação uniforme, levando-se em conta as seguintes regras:

Primeira, emprega-se vírgula entre o sobrenome e o nome do autor. Devem-se respeitar as seguintes observações:

a) devem indicar-se o(s) autor(es) físico(s) geralmente com a entrada pelo sobrenome seguido do(s) prenome(s).

b) quando a obra tem até três autores, mencionam-se todos na entrada, na ordem em que aparecem na publicação.

c) se há mais de três autores, mencionam-se até os três primeiros seguidos da expressão "*et al.*".

d) as obras constituídas de vários trabalhos ou contribuições de vários autores entram pelo responsável intelectual (organizador ou coordenador) se em destaque na publicação, seguido da abreviação da palavra que caracteriza o tipo de responsabilidade, entre parênteses.

e) em caso de autoria desconhecida, entra-se pelo título. O termo "anônimo" não deve ser usado como subtítulo para o nome do autor desconhecido.

f) no caso de obras publicadas sob pseudônimo, este deve ser adotado na referência. Quando o verdadeiro nome for conhecido, é indicado entre colchetes, depois do pseudônimo.

g) as obras de responsabilidade de entidades coletivas têm geralmente entrada pelo título, com exceção de anais de congressos e de trabalhos de cunho administrativo. Quando a entidade coletiva tem uma denominação genérica seu nome é precedido pelo órgão superior. Quando a entidade coletiva, embora vinculada a um órgão maior, tem uma denominação específica que a identifica, entra-se diretamente pelo seu nome.

Segunda, o título é reproduzido tal como figura na obra ou trabalho referenciado. Em títulos demasiadamente longos, podem-se suprimir algumas palavras, desde que a supressão não incida sobre as primeiras e não altere o sentido. A supressão é indicada por reticências.

Terceira, os subtítulos podem ser suprimidos, a não ser que forneçam informação essencial sobre o conteúdo do documento. Se há mais de um título ou se ele aparece em mais de uma língua, registra-se aquele que estiver em destaque ou em primeiro lugar. Quando necessário, faz-se a tradução do título, entre colchetes, em seguida ao título.

Quarta, indica-se a edição, quando mencionada na obra, em algarismo(s) arábico(s), seguido(s) de ponto e da abreviatura da palavra "edição" no idioma da publicação. Indicam-se emendas e acréscimos à edição, de forma abreviada. Por exemplo: 2. ed. rev., 2. ed. rev. aum.

Quinta, o nome do local (cidade) deve ser indicado tal como figura na publicação referenciada. No caso de homônimos, acrescentam-se o nome do país e do estado. Por exemplo: Santiago, Chile; Santiago, Cuba. Quando há mais de um local, para um só editor, indica-se o mais destacado. Quando a cidade não aparece na publicação, mas pode ser identificada, indica-se entre colchetes. Não sendo possível determinar o local, indica-se entre colchetes [s.l] (Sine loco).

Sexta, o nome do editor deve ser grafado tal como figura na publicação referenciada, abreviando-se os prenomes e suprimindo-se outros elementos que designam a natureza jurídica ou comercial. Quando há mais de um editor, indica-se o mais destacado. Se os nomes dos editores estiverem em igual destaque, indica-se o nome do primeiro. Os nomes dos demais podem ser também registrados com os respectivos locais. Quando o editor não aparece na publicação, mas pode ser identificado, indica-se entre colchetes.

Quando o editor não é mencionado, pode-se indicar o impressor. Na falta de editor e impressor, indica-se entre colchetes [s.n] (sine nomine). Quando o local e o editor não aparecem na publicação, indica-se entre colchetes [s.l.: s.n.]. Não se indica o nome do editor quando ele é o autor.

Sétima, indica-se sempre o ano de publicação em algarismos arábicos. Se nenhuma data de publicação, distribuição, *copyright* ou impressão puder ser determinada, registra-se uma data aproximada entre colchetes.

Oitava, ligam-se por hífen as páginas inicial e final da parte referenciada, bem como as datas-limites de determinado período da publicação.

Nona, ligam-se por barra transversal os elementos do período abrangido pelo fascículo referenciado.

Décima, indicam-se entre colchetes os elementos que não figuram na obra referenciada.

Décima primeira, empregam-se reticências nos casos em que se faz supressão do título.

7.4.4 Referências

Chama-se referência ao conjunto de elementos que permitem a identificação, no todo ou em parte, de documento impresso ou registrado em diversos tipos de materiais. Os elementos essenciais das referências são os indispensáveis à identificação de publicações mencionadas em qualquer trabalho.

Os dados das obras elencadas na referência devem ser organizados da seguinte forma, de acordo com o tipo de fonte. Vejamos:

a) Livro.

Elementos essenciais para este tipo de referência: sobrenome e nome do autor(es) ou organizador(es), título da obra, tradução, edição (somente a partir da segunda edição: 2.ed., 3.ed., 4.ed., 5.ed. etc.), lugar de publicação, editora e ano de publicação.

a) Um autor

RADBRUCH, Gustav. *Filosofia do direito.* Trad. Marlene Holzhausen; Rev. Sérgio Sérvulo da Cunha. 2. ed. São Paulo: WMF Martins Fontes, 2010.

b) Dois a três autores

BUNNIN, Nicholas; TSUI-JAMES, E. P. (Orgs). **Compêndio de Filosofia**. Trad. Luiz Paulo Rouanet. São Paulo: Loyola, 2002.

Obs.: os nomes dos autores são separados por ponto e vírgula e espaço.

c) Mais de três autores

COLL, César et al. **Psicologia do ensino**. Porto Alegre: Artmed, 2000. 408 p.

Obs.: é indicado o primeiro autor seguido da expressão et al. Essa expressão é usada quando a obra tem mais de três autores e significa "e outros".

d) Organizador, coordenador, prefaciador etc.

BORNHEIM, Gerd A. (Org.). **Os Filósofos Pré-socráticos**. São Paulo: CULTRIX, 1997.

e) Autoria de entidades, associações etc.

CONFERÊNCIA NACIONAL DOS BISPOS DO BRASIL. **Fraternidade e água**: manual CF 2004. São Paulo: Salesiana, 2003. 379 p.

Obs.: o nome da entidade é por extenso; e, quando a própria entidade pública o trabalho, a editora não é mencionada.

O nome do local (cidade) de publicação deve ser tal como figura no documento.[11] No caso de homônimos de cidades, acrescenta-se o nome do estado, do país etc.

[11] Observe-se cuidadosamente as diferenças que existem na ordem destes elementos quando são tirados de obras escritas por autores de países hispano-falantes. Nesses casos, deverá se destacar o sobrenome do pai, seguido do da mãe e finalmente os prenomes do autor. Exemplo: JIMÉNEZ (pai) Serrano (mãe), Pablo (prenome do autor).

Viçosa, AL

Viçosa, MG

Viçosa, RJ

Não sendo possível determinar o local, utiliza-se a expressão *Sine loco*, abreviada, entre colchetes [S.l].

FERREIRÓS, Aquilo Iglesia. **La creación Del Derecho. Una historia de la formación de un derecho estatal español**. [S.l]: Signo, 1992.

Quando a editora não é identificada, deve-se indicar a expressão *sine nomine*, abreviada, entre colchetes [s.n.].

CASTÁN Tobeñas, José. **Derecho Civil Español, Común y Foral**. Madrid: [s.n], 1991.

Quando o local e o editor não puderem ser identificados na publicação, utilizam-se ambas as expressões, abreviadas e entre colchetes [S.l.: s.n.].

ENGELS, Federico. **Anti Dühring**. [S.l.: s.n.], 1961.

Quando a editora é a mesma instituição responsável pela autoria e já tiver sido mencionada, não é indicada.

UNIVERSIDADE SÃO JUDAS TADEU. **Catálogo de graduação, 2003-2004**. São Paulo, 2004.

b) Capítulo de Livro.

Elementos essenciais para este tipo de referência: sobrenome do autor, nome do autor, título da publicação seguido de ponto, após o "In", dois pontos, sobrenome e nome do(s) organizador(es), título da obra, edição, lugar de publicação, editora e ano de publicação, páginas inicial e final do capítulo.

JIMÉNEZ Serrano, Pablo. Direitos humanos, direitos fundamentais e democracia**.** In: GOMES Monteiro, Matheus Vidal; AGUIAR, Renan; SIMÕES Garcia, Ivan (Orgs.). **Estado, Direito e Democracia:** perspectivas contemporâneas. Rio de Janeiro: Lumen

Juris, 2012. p. 261-276.

Quando o autor do capítulo for o mesmo da obra principal, seu nome é substituído por um traço (equivalente a 6 espaços) e ponto, após o "In".

MARTINS Alves Nunes, Flavio Júnior. Aspectos Contemporâneos do Poder Constituinte Originário e o Direito de Revolução. In: ______; FERREIRA Nascimento, Grasiele Augusta (Orgs.). **O Direito e a Ética na Sociedade Contemporânea**. Campinas, São Paulo: Alínea, 2006. p. 9-24.

c) Volume de livro.

SMOOTHEY, Marion. Atividades e jogos com círculos. In: ______. **Investigação Matemática**. São Paulo: Scipione, 2002. v. 3.

d) Monografia.

Elementos essenciais para este tipo de referência: Autor da parte, título, subtítulo (se houver), ano, número de folhas, natureza (TCC, Dissertação ou Tese), Instituição, local e ano.

JIMÉNEZ SERRANO, Pablo. **Desenvolvimento e Eficácia do Direito Aduaneiro**. 1982. 120 f. (Graduação em Direito) – Faculdade de Direito, Universidade do Oriente, Cuba, 1982.

JIMÉNEZ SERRANO, Pablo. **Epistemologia do Direito**. 2003. 200 f. Dissertação (Mestrado em Filosofia) – Faculdade de Filosofia, Universidade São Judas Tadeu, São Paulo, 2003.

JIMÉNEZ SERRANO, Pablo. **Solución de conflictos derivados de la Actividad por Cuenta Propia.** 1996. 500 f. Tesis (Doctorado en Derecho) – Facultad de Derecho, Universidad de Oriente, Santiago de Cuba, Cuba, 1996.

e) Dicionários, Enciclopédias e Verbetes.

TEALDI, Juan Carlos. **Diccionario latinoamericano de bioética**. Bogotá: UNESCO - Red Latinoamericana y del Caribe de Bioética: Universidad Nacional de Colombia, 2008.

FERREIRA, Aurélio Buarque de Holanda. **Novo dicionário Aurélio da língua portuguesa**. 3. ed. Curitiba: Positivo, 2004.

f) Bíblia Sagrada.

BÍBLIA. Português. **Bíblia de Jerusalém**. Tradução de Samuel Martins Barbosa et al. São Paulo: Paulinas, 1981, 1663 p.

BÍBLIA. Josué. Português. **Bíblia de Jerusalém**. Tradução de Samuel Martins Barbosa et al. São Paulo: Paulinas, 1981.

g) Normas técnicas.

Os elementos essenciais são: órgão normalizador, número da norma, título, local (cidade), ano e número de páginas ou volumes.

ASSOCIAÇÃO BRASILEIRA DE NORMAS TÉCNICAS. **NBR 6027**: Informação e documentação – Sumário – Apresentação. Rio de Janeiro, 2003. 2 p.

h) Patentes

Os elementos essenciais são: entidade responsável, autor, título, número da patente e datas (do período de registro).

EMBRAPA. Unidade de Apoio, Pesquisa e Desenvolvimento de Instrumentação Agropecuária (São Carlos). Paulo Estevão Cruvinel. **Medidor digital multisensor de temperaturas de solos**. BR n. PI 8903105-9, 26 jun. 1989, 30 maio 1995.

i) Publicações periódicas

Publicações editadas em unidades físicas sucessivas, com designações numéricas ou cronológicas que tenham continuidade. Exemplos revistas, jornais, anuários, atas etc. Os elementos essências são: título do periódico, local de publicação, editora, data de início da coleção e, eventualmente de encerramento.

- Revista (versão) impressa

JIMÉNEZ Serrano, Pablo; MARINHO, Angel. Ciência do Direito e o Ensino Jurídico. **Direito & Paz** - Revista do Programa de Mestrado em Direito do UNISAL - Lorena/ Centro Universitário de São Paulo, Lorena, n. 19, p. 110-130, jan./fev., 2008.

- Número especial de revista

CONCILIUM. A traição estrutural da confiança. Petrópolis: **Vozes**, v. 306, n. 3, jul. 2004. 150 p. Edição especial.

- Separatas de publicações periódicas

GABRIEL, Antonio. Questões fundamentais da fé. 18 p. Separata da **Revista fé católica**. São Paulo: Fé cristã, n.12, jul. 1988.

- Artigos em jornais

NAVES, P. Lagos andinos dão banho de beleza. **Folha de S. Paulo**, São Paulo, 28 jun. 1999. Folha Turismo, Caderno 8, p. 13.

No caso de artigos em jornais que não possuam seção, caderno ou parte, a paginação do artigo ou matéria precede a data.

LEAL, L. N. MP fiscaliza com autonomia total. **Jornal do Brasil**, Rio de Janeiro, p. 3, 25 abr. 1999.

- Artigos em jornais em meio eletrônico

KELLY, R. Electronic publishing: its just online journalism. **APS News online,** Los Angeles, Nov. 1996. Disponível em: <http://www.aps.org/apsnews/1196/11965.html>. Acesso em: 20 nov. 2000.

- Artigos em anais

RAMPAZZO, Lino. Células-tronco embrionárias: a questão da vida humana entre a teologia, a biotecnologia, a bioética e o biodireito**.** In: ENCONTRO NACIONAL DO CONPEDI, 19, 2010, Fortaleza, **Anais do XIX Encontro Nacional do CONPEDI. Fortaleza**: UFC; Florianópolis: Fundação Boiteux. CD-ROM. ISBN: 978-85-7840-036-1.

- Artigos em revistas em meio eletrônico

O desenvolvimento tecnológico tem sua maior expressão no desenvolvimento da informática e, dentro dela, da internet.

Por meio da internet se difunde o conhecimento sem limites mediante o acesso que têm os usuários aos diferentes serviços, tornando-se cada vez mais fácil seu uso pela simplicidade das operações e mecanismos.

Hoje, como usuários da internet, podemos acessar e encontrar as informações mais diversas e atuais que existem em qualquer ramo do conhecimento humano.

Por meio da internet podemos acessar as maiores bibliotecas do mundo sem necessidade de nos trasladarmos de um lugar para outro.

Nessas bibliotecas podemos encontrar catálogos e índice do acervo com um número de obras incrível: compêndios, tratados, enciclopédias, teses e artigos.

As informações da internet são fontes que podem ser utilizadas e citadas pelos pesquisadores sempre que sejam públicas, devendo-se indicar o *site*, os *links* e os dados do trabalho.

JIMÉNEZ Serrano, Pablo. Por uma Reforma na Educação em Face da Justiça Social. **Revista Eletrônica do Curso de Direito do Centro Universitário de Barra Mansa, UBM,** Marra Mansa, Rio de Janeiro, ano. III, n. 4. Segundo Semestre de 2013. Disponível em: <http://www. http://www.ubm.br/revistas/direito/>. Acesso em: 10 jan. 2014.

j) Folheto

IBICT. Manual de normas de editoração do IBICT. 2. ed. Brasília, DF, 1993. 41 p

k) Documentos jurídicos

Conforme a NBR 6023, considera-se como documento jurídico: legislação, jurisprudência (decisões judiciais) e doutrina (interpretações dos textos legais).

- Legislação: (Constituição, leis, decretos, portarias, atos normativos, resolução, instrução normativa etc.). Os elementos para a referência: local de jurisdição (país, estado, cidade, ou cabeçalho da entidade, caso sejam normas), título (especificação da legislação, número e data), ementa e indicação da publicação oficial.

Para referenciar as Constituições e suas emendas, entre o nome da jurisdição e o título, coloca-se a palavra Constituição, seguida do ano de promulgação entre parênteses.

BRASIL. Constituição (1988). **Constituição da República Federativa do Brasil**. 31. ed. São Paulo: Saraiva, 2003.

BRASIL. **Decreto nº 1205, de 1 de agosto de 1994**. Aprova a estrutura regimental do Ministério do Meio Ambiente e da Amazônia Legal, e dá outras providências. *Diário Oficial [da] República Federativa do Brasil*, Brasília, DF, v. 132, n. 146, p. 11509, 2 ago. 1994. Seção 1, pt.1.

BRASIL. **Código civil**. 55. ed. São Paulo: Saraiva, 2004.

BRASIL. **Lei n. 10.246 de 10 de janeiro de 2002**. Institui o Código Civil. *Diário Oficial de 11.01.2002*, Brasília, DF.

BRASIL. **Decreto-Lei n. 2848 de 07 de dezembro de 1940**. Código Penal. *Diário Oficial de 31.12.1940*, Brasília, DF.

BRASIL. **PRSP. Ação Civil Pública nº 2001.71.00.026279-9/RS**. Disponível em:<http://www.prsp.mpf.gov.br/prdc/area-de-atuacao/dsexuaisreprod/Acordao%20%20transgenitalizacao%20transexuais%20TRF4.pdf>. Acesso em: 18 mar. 2012.

BRASIL. **RESOLUÇÃO CFM nº 1.482 /97**. Portal Médico. Disponível em: <http://www.portalmedico.org.br/resolucoes/CFM/1997/1482_1997.htm>. Acesso em: 05 abr. 2011.

BRASIL. STF. **Arguição de Descumprimento de Preceito Fundamental (ADPF) n. 132/RJ e Ação Direta de Inconstitucionalidade (ADI) n. 4277**. Disponível em: <http://www.stf.jus.br/portal/peticaoInicial/verPeticaoInicial.asp?base=ADIN&s1=homossexual%20uni%E3o%20est%E1vel&processo=4277>. Acesso em: 04 ago. 2011.

MINISTÉRIO DA SAÚDE. **Portaria nº 1.707/2008**. Disponível em: <http://bvsms.saude.gov.br/bvs/saudelegis/gm/2008/prt1707_18_08_2008.html>. Acesso em 02 mar. 2012.

MINISTÉRIO DA EDUCAÇAO. **Portaria no. 1612/2011**. Disponível em: Disponível em: <www.mec.gov.br>. Acesso em: 05 abr. 2012.

- Jurisprudência: (Súmulas, enunciados, acórdãos, sentenças, decisões judiciais)

Os elementos para a referência são: local de jurisdição, órgão judiciário competente, título, natureza da decisão ou ementa, partes envolvidas, relator, local, data, nome do órgão publicador, local, volume, número, página e data.

BRASIL. Supremo Tribunal Federal. Exceção de suspeição de Ministro. Arguição de suspeição nº 10. Ednardo Silva de Araújo e Exmo. Sr. Ministro Moreira Alves. 26 de fevereiro de 1986. **Revista Trimestral de Jurisprudência**, Brasília, DF, v. 117, p. 457- 458, ago. 1986.

BRASIL. Supremo Tribunal Federal. Súmula nº 14. Não é admissível por ato administrativo restringir, em razão de idade, inscrição em concurso para cargo público. **Súmulas**. São Paulo: Associação dos Advogados do Brasil, 1994. p. 16.

- Doutrinas (Interpretações de textos legais)

Neste caso se utilizam as mesmas regras empregadas na elaboração de referências das monografias, dos livros e periódicos.

l Gravações de Imagens em movimento

Incluem-se nesta categoria: fitas de vídeo, filmes, DVD e outros. Os elementos essenciais para fitas de vídeo e DVD são: título, diretor, produtor, local, produtora, data e especificação do suporte em unidades físicas.

- Videocassete

JIMÉNEZ Serrano, Pablo. Curso de Espanhol Jurídico. Produção da Jurismestre Cursos – São Paulo. Jurismestre, 2006. 1 videocassete (50 min), VHS, son., color.

- Filme de Longa Metragem

CENTRAL do Brasil. Direção: Valter Salles Junior. Produção: Martire de Clermont-Tonnerre e Arthur Cohn. Interpretes: Fernanda Montenegro; Marilia Pera; Vinicius de Oliveira; Sônia Lira; Othon Bastos; Matheus Nachtergaele e outros. Roteiro: Marcos Bernstein, João Emanuel Carneiro e Walter Salles Junior. [S.l.]: Le Studio Canal; Riofilme; MACT Productions, 1998. 1 bobina cinematográfica (106 min), son. color., 35 mm.

- Filme de Longa Metragem DVD

BLADE Runner. Direção: Ridley Scott. Produção: Michael Deeley. Interpretes: Harrison Ford; Rutger Hauser; Sean Young; Edward James Olmos e outros. Roteiro: Hampton Fancher e David Peoples. Música: Vangelis. Los Angeles: Warner Brothers, c1991. 1 DVD (117 min), widescreen, color. Produzido por Warner Video Home. Baseado na novela "Do androids dream of eletric sheep?" de Philip K. Dock.

m) Documento Sonoro

Inclui-se nesta categoria disco, CD (*compact disc*), cassete, rolo, entre outros. Os elementos essenciais são: compositor (es) ou intérprete(s), título, local, gravadora (ou equivalente), data e especificação do suporte.

- Disco

ALCIONE. **Ouro e cobre**. São Paulo: RCA Victor, p1988. 1 disco sonoro.

- CD

MPB especial. [Rio de Janeiro]: Globo: Movieplay, c1995. 1 CD.

Quando necessário, acrescentam-se elementos complementares à referência para melhor identificar o documento.

- Cassete sonoro

GINO, A. Toque macio. Intérprete: Alcione. In: ALCIONE. **Ouro e cobre**. Direção Artística: Miguel Propschi. São Paulo: RCA Victor, p1988. 1 disco sonoro (45 min), 33 1/3 rpm, estéreo., 12 pol. Lado A, faixa 1 (4 min 3 s).

n) Documento sonoro em parte

Inclui-se nesta categoria parte e faixas de documentos sonoros. Os elementos essenciais são: compositor (es), intérprete(s) da parte (ou faixa de gravação), título, seguidos da expressão In:, e da referência do documento sonoro no todo. No final da referência, deve-se informar a faixa ou outra forma de individualizar a parte referenciada.

- CD

JIMÉNEZ Serrano, Pablo. Eu quero ver. Intérprete: Pablo. In: Pablo. **Para Adorar-te**. São Paulo: Emisora MCK, Brasil, 2008. 1 CD. Faixa 10. ISRC: BR-P1J-07-000 10.

Quando necessário, acrescentam-se elementos complementares à referência para melhor identificar o documento.

- Disco

GINO, A. Toque macio. Intérprete: Alcione. In: ALCIONE. **Ouro e cobre**. Direção Artística: Miguel Propschi. São Paulo: RCA Victor, p1988. 1 disco sonoro (45 min), 33 1/3 rpm, estéreo., 12 pol. Lado A, faixa 1 (4 min 3 s).

o) Documentos de acesso exclusivo em meio eletrônico

São todos os tipos de base de dados, lista de discussão, BBS (site), mensagens eletrônicas, etc. Os elementos essenciais são: autor, denominação ou titulo e subtítulo (se houver) do serviço ou produto, indicações de responsabilidade, endereço eletrônico e data de acesso.

- Bancos de dados

BIRDS from Amapá. Banco de dados. Disponível em: <http:www.dt.org/bdt/ avifauna/aves>. Acesso em: 25 nov. 1998.

- E-mail

SANTOS, Ana Paula. **Levantamento bibliográfico sobre história da arte** [mensagem pessoal]. Mensagem recebida por <jdferrer@ig.com.br> em 10 ago. 2004.

- Home page institucional

CENTRO UNIVERSITÁRIO DE BARRA MANSA - UBM. Disponível em: < http:// www.ubm.br>. Acesso em: 6 set. 2014.

- Base de dados

LILACS. Disponível em: <http://bases.bireme.br/cgi-bin/wxislind.exe/iah/online/ ?isisScript= iah/iah.xis&base=LILACS&lang=p.>. Acesso em: 10 set. 2003.

- Cd-rom

REVISTA Jurídica Consulex. Brasília: Consulex, 2003. 1 CD-ROM.
AJURIS. Porto Alegre, Associação dos Juízes do Rio Grande do Sul, 1997. CDROM. v.1 a 70.

- Disquete

UNIVERSIDADE FEDERAL DO PARANÁ. Biblioteca Central. **Normas.doc.**: normas para apresentação de trabalhos. Curitiba, 7 mar. 1998. 5 disquetes, 31/2 pol. Word for Windows 7.0.

7.5 A primeira versão do trabalho

A pesquisa é geralmente desenvolvida sob a orientação de um professor do curso de Graduação ou de Pós-graduação.

Do ponto de vista da área, o orientador pode também ser docente de outra área conexa ou mesmo qualquer profissional que tenha experiência em pesquisa ou orientação científica.

O aluno/pesquisador deve escolher o orientador, devendo, para esse efeito, realizar o convite levando em consideração os prazos estabelecidos para o desenvolvimento e entrega do projeto e do documento final.

O estudante/pesquisador pode contar com a colaboração de outros professores ou co-orientadores, que estejam interessados nos resultados da pesquisa.

Geralmente, o professor/especialista/orientador tem os seguintes deveres:

a) orientar seus alunos em horário previamente fixado;

b) analisar e avaliar os relatórios parciais que lhes forem entregues pelos orientandos;

c) tomar decisões para a execução das diferentes tarefas ou ações;

d) promover o desenvolvimento da iniciativa, independência, originalidade e criatividade dos alunos, garantindo o trabalho individual e estimulando a análise interdisciplinar na resolução dos problemas objetos da investigação;

e) ajudar a determinar os elementos componentes do processo de pesquisa, a saber: o problema; o objeto; o campo de ação; os objetivos; a hipótese; os métodos, procedimentos e técnicas, mediante os quais se realiza a pesquisa;

f) ajudar o estudante-pesquisador a eliminar as incertezas;

g) orientar e designar a prioridade dos objetivos;

h) verificar o cumprimento de cada uma das tarefas ou ações;

i) fazer com que o estudante-pesquisador se sinta comprometido e responsabilizado pelos resultados, com uma atrativa motivação em cada um dos contatos, despachos ou encontros;

j) participar das defesas correspondentes.

Vale consignar que o estudante/pesquisador deve manter um vínculo estreito com o professor orientador, pois o conteúdo da pesquisa, como bem afirma Umberto Eco (1999, p. 15), desde o início "deve ser discutido passo a passo com o orientador, nos limites do possível, [...] pois o orientador é a única amostra de público competente à disposição do aluno no curso de seu trabalho".

Assim, a primeira versão do documento deve ser apresentada para o professor orientador com o objetivo de buscar ajuda científica e metodológica.

O professor orientador há de submeter a uma avaliação prévia o trabalho, levando em conta os seguintes critérios:

a) Conteúdo;
b) Apresentação escrita;
c) Argumentação.

Segundo o conteúdo devem-se avaliar:

- a relação entre o problema científico, o objeto e os objetivos da pesquisa;
- se os objetivos propostos foram alcançados;
- se o problema foi resolvido satisfatoriamente;
- se as idéias são articuladas com consistência;
- se a pesquisa bibliográfica foi feita considerando as publicações atuais, relevantes e clássicas.

E quanto à apresentação escrita devem-se verificar:

- apresentação do texto com início (introdução), meio (desenvolvimento por capítulos) e fim (conclusões - recomendações), respeitando a estrutura básica da monografia e as normas técnicas;
- que as conclusões estejam baseadas no desenvolvimento exposto;
- a redação gramatical (idéias claras);
- a demonstração convincente;
- as citações expostas convenientemente;
- as referências bibliográficas completas (autor, título da obra, localidade da publicação, editora, ano, página);
- a bibliografia segundo as normas da ABNT.

E quanto à argumentação devem ser verificados:

- a capacidade de argumentação;

- o nível da linguagem utilizada (erros de concordância verbal e impropriedade terminológica);
- o uso de termos técnicos.

7.6 Redação definitiva

A redação definitiva do trabalho (relatório) deve ser necessariamente apoiada na redação anterior ou primeira versão.

O relatório final é a última fase do processo de pesquisa e nele se registram as observações, generalizações científicas, caracterização dos fatos e fenômenos pesquisados e a descrição do problema científico.

Para redigir corretamente, o pesquisador deve ter a habilidade de se expressar com clareza e coerência. Essa habilidade se logra com o exercício constante já desenvolvido durante as redações das versões anteriores.

Na redação definitiva do trabalho de pesquisa deve-se adotar uma linguagem científica com a qual caracterizamos, explicamos e demonstramos as hipóteses estabelecidas inicialmente no projeto da pesquisa.

Vale consignar que a linguagem científica adotada durante a redação do documento final da pesquisa difere da literária (poética) e da prescritiva (normativa), segundo a função (objetivos ou finalidade) e forma gramatical.

Segundo lições de Norberto Bobbio (1987, p. 45-46) existem três funções fundamentais da linguagem: a descritiva, a expressiva e a prescritiva. Essas três funções dão origem a três tipos de linguagem: a científica, a poética e a normativa. Para o autor, é difícil encontrar esses tipos de linguagem em estado puro, mas tem que se admitir que a linguagem científica tende a despojar-se de toda função prescritiva e expressiva, desprendendo-se do texto o ideal científico derivado das próprias descobertas.

O discurso científico empregado ao redigir o texto final da pesquisa deve ser agradável, fácil e compreensível para o público leitor. Porém, a redação não só deverá ser dirigida à banca examinadora, já que o texto (documento) ficará perpetuado como comunicação objetiva e será consultado por diversas pessoas além dos examinadores, como especialistas, professores, estudantes/pesquisadores.

A redação definitiva segue uma série de técnicas que permitem construir o documento final com coerência, ortografia e estilo adequado.

Igualmente, devem-se respeitar, além das exigências estabelecidas pela Associação Brasileira de Normas Técnicas, as preestabelecidas por cada programa de graduação e pós-graduação para o caso da elaboração de monografias, dissertações de mestrados e teses de doutorado.

Em suma, para a redação de um relatório com clareza e coerência consideram-se as seguintes atitudes (NADÓLSKIS, 2000, p. 164-165):

1. Preparação intelectual para perfeito conhecimento do assunto a ser tratado no relatório. Este estudo é feito pela leitura da bibliografia pertinente e por consulta a quem domina bem o assunto.

2. Disposição psicológica positiva que facilitará a tarefa e o deixará mais atento e disposto para a realização do trabalho todo.

Fixação dos objetivos, das finalidades, que é imprescindível para o correto desenvolvimento das atividades.

3. Determinação cuidadosa dos métodos de trabalho, levando em conta os objetivos, as circunstâncias e os recursos.

4. Adequação ao destinatário, considerando que devemos nos comunicar de acordo com quem receberá a mensagem, usando a linguagem que irá atingir mais eficazmente quem irá ler e avaliar o relatório. Neste sentido, devemos pensar no destinatário antes de iniciar o trabalho, para fazermos as opções com mais acerto.

5. Observações cuidadosas que derivam das anotações que darão os dados para a redação do relatório.

6. Seleção das observações e reflexões relevantes para serem incluídas nas avaliações parciais.

7. Fornecer recomendações assumindo posições com base em argumentos decorrentes dos fatos comprovados.

8. Desenvolver comentários de critérios e obras de outros autores. Aqui é preciso saber as opiniões, as justificativas, as explicações, enfim, os argumentos que elas têm para explicar os fatos, esclarecer as dúvidas.

9. Planejamento esquemático do relatório antes de iniciar a redação da minuta.

10. Elaborar cabeçalhos breves que facilitem a leitura e despertem mais interesse.

11. Usar um sumário coerente e uma numeração progressiva para ordenar as seções e capítulos, permitindo uma visão mais clara do conjunto relacionado com as partes do documento.

12. A linguagem deve ser clara, correta, concisa, adequada, evitando a linguagem afetiva, poética e normativa.

13. A revisão do texto deve ser feita várias vezes na minuta. Dê um espaço de tempo entre uma e outra releitura, para ter uma visão crítica mais acurada sobre o que escreveu.

14. Envie uma cópia para terceiros, conhecedores do assunto, com o objetivo de receber críticas construtivas.

15. Reestude o texto da minuta e o pronunciamento dos outros interessados e terceiros e reescreva o que for necessário, não se acomode nem seja impaciente.

16. Cuidar da apresentação gráfica, com boa digitação, para que o trabalho possa ser lido com facilidade. Evite o uso de impressoras com caracteres difíceis de ler. Não deve haver grafismos desnecessários, como abuso de sublinhados e de maiúsculas.

17. A ilustração com mapas, gráficos, gravuras facilita a comunicação. Observe se é conveniente intercalar as ilustrações no texto ou se é melhor abrir mais uma seção no final (anexo) para as ilustrações.

18. A revisão deve ser cuidadosa tanto no aspecto gráfico quanto no conteúdo. Se possível, peça para um colega fazer a revisão.

CAPÍTULO 8
A DEFESA DA MONOGRAFIA

"E, quando citamos, reconhecemos e respeitamos o direito de outrem. A humildade, a elegância, a paciência e a segurança, garantem o êxito de toda defesa".

Pablo Jiménez Serrano

8.1 A defesa das monografias

A defesa do conteúdo da monografia se faz perante banca examinadora. As sessões de defesa das monografias são públicas. Eis que começa uma etapa onde a banca examinadora avalia os resultados do trabalho, ora perante o candidato.

8.2 Tempo de duração da defesa

O tempo de duração das defesas de trabalhos científicos varia de acordo com seu tipo e programa. Por exemplo, para Trabalho de Conclusão de Curso (TCC) se reserva um tempo que normalmente não deverá exceder 15 minutos. No caso da Dissertação de mestrado o prazo de exposição é normalmente de 20 minutos e se poderá estender até três horas. Já, as defesas de Teses de doutoramento têm uma extensão de até cinco horas.

8.3 Da banca examinadora

A banca examinadora é composta por um grupo de profissionais com categoria docente e científica, os quais, após analisar profundamente o trabalho, avaliarão a independência e o domínio do aluno.

Geralmente, as bancas examinadoras dos Trabalhos de Conclusão de Curso são compostas pelo professor-orientador, que a preside, e por 1 (um) ou talvez 2 (dois) membros, designados pelo Coordenador de Curso de Graduação em Direito ou pelo diretor da Faculdade de Direito correspondente, mediante indicação do Coordenador de Monografia Jurídica.

As dissertações geralmente se defendem perante bancas constituídas por 3 (três) membros titulares e 2 (dois) suplentes e as teses de doutoramento perante banca geralmente compostas por 5 (cinco) membros titulares e 2 (dois) suplentes. Tudo isso, de acordo com programas em questão.

8.4 Como defender uma monografia

Em toda pesquisa deve predominar uma lógica, determinada pelo emprego dos métodos e das técnicas próprias de cada ciência. Em essência, é esta lógica a que possibilita a demonstração de nossas conclusões. Daí, demonstra-se a veracidade e confiabilidade de nossos resultados, justificando os caminhos que seguimos durante todo o processo de pesquisa.

Contribuem para a insegurança do candidato a falta de experiência, de direção e confiança; por isso, até o último momento, o orientador deverá guiar e aconselhar o seu orientando, sobre a linguagem a empregar durante toda sua dissertação oral.

A respeito da exposição, podemos afirmar que nem todo o conteúdo se expõe, por duas razões elementares:

> *Primeira*, porque representaria um esforço desnecessário para a banca e para o auditório, ter que escutar e entender todo o argumento sobre as tarefas executadas durante a investigação.
>
> *Segunda*, porque, como vimos, para cada tipo de defesa se fixa o requisito tempo de exposição que deve ser respeitado.

Daí que o candidato deve limitar sua exposição a um tempo pré-fixado. Para tanto, deverá selecionar a parte mais relevante da pesquisa, a qual necessariamente também consta no documento (cópia) depositado.

a) O ato da defesa.

A defesa da monografia ou tese se define como um ato que tem por objetivo comprovar se o candidato tem domínio dos conhecimentos, métodos científicos e técnicos próprios da sua área, que lhe permitem concluir o programa ou curso em questão.

No ato de defesa predomina a forma oral. É uma fase de conclusão de extrema importância. Sabe-se que, em muitas ocasiões, a dissertação tem um grande peso para obtenção dos resultados desejados e que, lamentavelmente, ainda que uma pesquisa tenha sido corretamente desenvolvida, a sua defesa deve ser segura, congruente e lógica, caso contrário todo o esforço anterior corre o risco de perder o seu valor.

O ato de defesa tem suas características predeterminadas pelos regulamentos e programas. É um ato que difere de uma aula dissertativa, seminário ou debate; pois, com ela não se busca dar a conhecer, saber ou saber fazer, porém a demonstração e discussão dos resultados de um trabalho de pesquisa previamente desenvolvido. A defesa de uma monografia, ainda que possa gerar um debate, tem como objetivo fundamental a exposição dos resultados das pesquisas e isso ocorre, ainda que não haja debate.

A defesa é feita perante determinados professores e especialistas habilitados. A essência do ato de defesa radica na explicação da forma de abordagem de uma dada problemática e a demonstração dos resultados obtidos com a pesquisa.

Todo candidato deve estar ciente de seu papel na defesa; para tanto devemos saber quais aspectos poderão ser submetidos à consideração e avaliação pela banca examinadora. Portanto, é prudente conhecer quais aspectos, durante a avaliação, a banca normalmente leva em consideração.

Neste sentido a nossa experiência na avaliação desses exercícios nos indica que a banca, antes e durante a avaliação da exposição, observa:

a) qualidade do trabalho (método científico de análise e resolução do problema, atualização científica e técnica);

b) capacidade criadora, originalidade e independência;

c) qualidade da exposição e da defesa;

d) opiniões do orientador, co-orientadores, consultores, oponentes e entidade a que a pesquisa se vincula.

b) O que defender.

Independentemente do tipo de trabalho científico, deve-se levar em conta que o que se defende é o resultado da pesquisa e não a pesquisa mesma. Daí que seja prudente pensarmos na relevância e deixar de lado a irrelevância.

Insistimos, pois, que é impossível reproduzir oralmente todas as etapas e ações executadas na pesquisa. Concentremo-nos, portanto, nas nossas conclusões, deixando claro o caminho percorrido para chegar a ela.

O candidato, antes do ato da defesa, deveria delinear uma estratégia de exposição. Nesse empenho é necessário observar as seguintes etapas:

Primeira, apresentação do tema, problema e objetivos da pesquisa. É o que constitui o preâmbulo da defesa, onde o candidato ressalta, ainda, a justificativa (necessidade e importância da pesquisa). É possível também informar sobre as dificuldades encontradas durante o desenvolvimento da pesquisa.

Segunda, destaque resumido das partes mais importantes ou significativas das pesquisas, extraídas das seções e capítulo. É legítimo também fazer um resumo, observando a contribuição (benefícios jurídicos e sociais) da pesquisa.

Terceira, referenciar as conclusões ou recomendações (se houver), destacando a possibilidade de futuras pesquisas sobre o tema.

c) Como defender.

A defesa deve ser enérgica e segura, usando-se sempre termos que demonstrem o rigor metodológico do trabalho realizado. Podem ser usadas as seguintes expressões:

- "Verificou-se que [...]"
- "Chegou-se à conclusão [...]"
- "Foi provado ou rejeitado [...]"
- "Com o uso destas técnicas fica demonstrado [...]"
- "Realizamos as seguintes medições [...]"

- "Propõem-se os seguintes modelos, bases, teorias, conceitos [...]", etc.

Durante a exposição dever-se-á pensar no trabalho como uma unidade, respeitando a sua lógica, pois cada resultado obtido é consequência específica do cumprimento de uma tarefa ou etapa anterior.

Também, durante a exposição recomendamos:

1. Evitar toda linguagem alheia ao tecnicismo jurídico.

2. Demonstrar domínio das categorias jurídicas e metodológicas.

3. Tomar cuidado para não ser conclusivo ao extremo, afastando-se da presunção excessiva e de afirmações não validadas durante a pesquisa.

4. Ser coerente ao falar, respeitando a ordem das etapas da pesquisa.

BIBLIOGRAFIA

AGUILÓ Josep. *Técnica legislativa y documentación automática de legislación*. Informática e Diritto. Milan. Ed. Ricardo Anastini. [s.d.]

_______. *Sobre la Derogación*. Ensayo de Dinámica Jurídica. Distribuciones Fontamara, S.A, México, D.F. [s.d.].

AQUILINO Iglesia, Ferreirós. *La creación del Derecho. Una historia de la formación de un derecho estatal español*. Manual I. Espana: Signo, 1992.

ANCEL Marc. *Utilidade e métodos do Direito comparado*. Trad. Sérgio Porto. Porto Alegre: Sergio Antonio Fabris Editor, 1980.

ANDRADE Marconi, Marina de. *Metodologia Científica*. São Paulo: Atlas, 2000.

ATIENZA, Manuel. *Tras la justicia. Una introducción al Derecho y al razonamiento jurídico*. Barcelona: Ariel, 1993.

_______. *As razoes do Direito. Teorias da Argumentação Jurídica*. São Paulo: Landy, 2002.

BOBBIO, Norberto. *Teoria da norma jurídica*. Trad. Fernando Pavan Baptista e Ariani Bueno Sudatti. São Paulo: EDIPRO, 2001.

_______. *Teoría General del Derecho*. Bogotá- Colombia: TEMIS, 1987.

BONFANTE, Prieto. *Historia del Derecho Romano*. Traducción completada y revisada por José Santa Cruz Teijeiro. Madri: Revista de Derecho Privado, vol. I, 1944.

BRASIL. Constituição da República Federativa do Brasil de 1988. *Diário Oficial de 05 out. 1988*, Brasília, DF.

_______. Lei n. 10.246 de 10 de janeiro de 2002. Institui o Código Civil. *Diário Oficial de 11.01.2002*, Brasília, DF.

_______. Lei nº 13.105, de 16 de março de 2015 (Código de Processo Civil). Disponível em: http://www.planalto.gov.br/ccivil_03/_Ato2015-2018/2015/Lei/L13105.htm. Acesso em: 12, 08, 2015

_______. Lei de Introdução às Normas do Direito Brasileiro. Disponível em: http://www.planalto.gov.br/ccivil_03/decreto-lei/Del4657.htm. Acesso em: 05, 08, 2015.

BUGEDA, José. *Manual de técnicas de investigación social, detección y análisis*. Madrid, 1974.

BUNGE, Mario. *Epistemologia: curso de atualização*. São Paulo: T.A Queiroz: Editora Universitária de São Paulo, 1980.

________. *Ciência e desenvolvimento*. São Paulo: Itatiaia, Universidade de São Paulo, 1989.

CARRIÓ, Genaro R. *Notas sobre Derecho y lenguaje*. Ed. Aumentada y corregida. Abeledo-Perrot, 1990.

CARNELUTTI, Francesco. *Metodologia do direito*. Trad. Frederico A Paschoal. Campinas: Bookseller, 2002.

CARNEVALI de Camacho, Magaly. *Derecho de Obligaciones*. Mérida-Venezuela: Universidad dc Los Andes, 1993.

CUSTÓDIO da Piedade Ubaldino Miranda. *Interpretação e integração dos negócios jurídicos*. São Paulo: Revista dos Tribunais, 1989.

DELIZOICOV, Demétrio & José André Angotti. *Metodologia do Ensino de Ciências*. 2. ed. São Paulo: CORTEZ, 1997.

DEMO, Pedro. *Introdução à Metodologia da Ciência*. São Paulo: Atlas, 1983.

DIEGO Cañizares, Fernando. *Teoria do* Estado. La Habana: Pueblo y Educación, 1979.

DIEZ-PICAZO, Luis; GULLÓN, Antonio. *Instituciones de Derecho Civil*. Volumen I. Editorial Tecnos, S. A., Madri, 1995.

DINIZ, Maria Helena. *A Ciência Jurídica*. 4. ed. São Paulo: Saraiva, 1996.

________. *Compêndio de Introdução à ciência do Direito*. 10. ed. atualizada. São Paulo: Saraiva, 1988.

________. *Conflito de normas*. São Paulo: Saraiva, 1998.

DOURADO de Gusmão, Paulo. *Introdução ao Estudo do Direito*. 23. ed. Rio de Janeiro: Forense, 1998.

DURKHEIN, Émile. *As Regras do Método Sociológico*. São Paulo: Martin Claret, 2003.

ECO, Umberto. *Como se faz uma tese*. 15. ed. São Paulo: Perspectiva, 1999.

FARIA, José Eduardo. *A Reforma do Ensino Jurídico*. Porto Alegre: Sérgio Fabris, 1991.

FARIA, José Eduardo e Capilongo, Celso F. *A Sociologia Jurídica no Brasil.* Porto Alegre: Sérgio Fabris, 1991.

FERRAZ Júnior, Tércio Sampaio. *A ciência do direito.* 2. ed. São Paulo: Atlas, 1980.

FERRAZ Júnior, Tércio Sampaio. *A teoria Tridimensional do Direito de Miguel Reale. in* Cidadania e Cultura Brasileira. Homenagem aos 90 anos do professor Miguel Reale – Shozo Motoyama organizador. São Paulo: Editora da Universidade de São Paulo, 2001, p. 52- 57.

FERREIRA de Almeida, Carlos. *Introdução ao Direito comparado.* 2. ed. Lisboa, Portugal: Almedina-Coimbra, 1998.

FRANÇA, Limongi, R. *Hermenêutica Jurídica.* 7. ed. São Paulo: Saraiva, 1999.

_______. *Brocardos Jurídicos. As regras de Justiniano.* 2. ed. São Paulo: Revista dos Tribunais, 1969.

GARCÍA, Alejandro. *Metodología de la investigación histórica. Las fuentes orales.* La Habana: MES, 1979.

GOMES, Orlando. *Contratos.* 17. ed. Rio de Janeiro: Forense, 1997.

GONZÁLEZ Larier, Daniel. *Acción y Norma en G. H. Von Wright.* Madrid: Centro de Estudos Constitucionales, 1995.

GOODE William J., HATT, Paul K. *Métodos de investigación social.* La Habana: Ciencias Sociales. Instituto cubano del libro, 1971.

HARE, R. M. *A linguagem da moral.* Trad. Eduardo Pereira. São Paulo: Martins Fontes, 1996.

HART Herbert L. A. *O Conceito de Direito.* 2. ed. Lisboa: Fundação Calouste Gulbenkian, 1994.

HENRIQUES Antonio e João Bosco Medeiros. *Monografia no curso de Direito.* 2. ed. São Paulo: Atlas, 1999.

HERREN Aguillar, Fernando. *Metodologia da Ciência do Direito.* 3. ed. São Paulo: Max Limonad, 2003.

IGLESIAS, Ferreiros Aquilino. *La creación del Derecho. Una história de la formación de un derecho estatal español.* España: Signo, 1992.

IHERING, Rudolf Von. *A luta pelo Direito.* 16. ed. Trad. de João Vasconcelos. Rio de Janeiro: Forense, 1996.

IVANOVICH Rusavin, Giorgi. *Métodos de la investigación científica.* La Habana: Ciencias Sociales, 1988.

JIMÉNEZ Serrano, Pablo. *Hermenêutica e Interpretação jurídica.* Rio de Janeiro: Editora Jurismestre, 2015.

_______. *Metodologia do Ensino e da Pesquisa Jurídica.* Rio de Janeiro: Editora Jurismestre, 2 015.

KELSEN, Hans. *Teoria Pura do Direito.* Trad. João Baptista Machado. 4. ed. São Paulo: Martins Fontes, 1995.

_______. *Teoria Geral do Direito e do Estado.* Trad. Luis Carlos Borges. São Paulo: Martins Fontes, 1998.

LAKATOS, Eva Maria e MARCONI, Marina de Andrade. *Metodologia Científica.* 2. ed. São Paulo: Atlas, 1995.

LARENZ, Karl. *Metodologia da Ciência do Direito.* 2. ed. Trad. José Lamego. Lisboa: Fundação Calouste, 1983.

MANN, Heinrich. *O niilismo europeu (extratos)* In: *O pensamento vivo de Nietzsche.* Trad. de Sérgio Milliet. São Paulo, Editora da Universidade de São Paulo, 1975. p. 92.

MATALLO Marchesini de Pádua, Elisabete. *Metodologia da Pesquisa. Abordagem teórico-prática.* 2. ed. São Paulo: Papirus, 1997.

MAXIMILIANO, Carlos. *Hermenêutica e Aplicação do Direito.* 16. ed. Rio de Janeiro: Forense, 1996.

_______. *Hermenêutica e Aplicação do Direito.* 19. ed. Rio de Janeiro: Forense, 2003.

MIRANDA, Pontes de. *Sistema de Ciência Positiva do Direito.* 2. ed. Rio de Janeiro: Borsoi, t. IV, 1972.

MIRANDA Rosa, Felippe *Augusto de. Sociologia do Direito. O fenômeno jurídico como fato social.* 13. ed. Jorge Zahan Editor. Rio de Janeiro, 1996.

NADÓLSKIS Hêndricas; MARCONDES Marleine Paula. *Comunicação jurídica. Redação e subsídios gramaticais.* 3. ed. São Paulo: [s.e.]. 2000.

OLIVEIRA, Silvio Luiz de. *Tratado de Metodologia Científica.* Projetos de Pesquisas, TGI, TCC, Monografias, Dissertações e Teses. 2. ed. São Paulo: Pioneira, 1999.

PARDIÑA, Felipe. *Metodología y Técnica de investigaciones en ciencias sociales.* 3. ed. La Habana, Instituto cubano del libro, 1971.

PAULA Baptista, Francisco de. *Compêndio de Hermenêutica Jurídica.* São Paulo: Saraiva, 1984.

POPPER, Karl. R. *A lógica da pesquisa científica*. Trad. Leonidas Hegenberg e Octanny Silveira da Mota. São Paulo: Cultrix, 1972.

_______. *Conhecimento objetivo: uma abordagem evolucionária*. Trad. Milton Amado. Belo Horizonte: Itatiaia, 1999.

SALDANHA Nelson. *Sociologia do Direito*. 3. ed. São Paulo: Rt, 1989.

SELLTIZ, Wrightsman e Cook. *Métodos de Pesquisa nas Relações Sociais*. São Paulo: EPU, 1987.

_______. *Métodos de investigación en las relaciones sociales*. 8. ed. Madrid: Rialp, 1965.

SEVERINO, Antônio Joaquim. *Metodologia do Trabalho Científico*. Diretrizes para o Trabalho Didático-Científico na Universidade. São Paulo: Cortez, 1982.

_______. *Metodologia do trabalho científico*. 2. ed. São Paulo: Cortez, 1999.

SILVEIRA, Alípio. *Hermenêutica no Direito Brasileiro*. São Paulo: Rt, 1968.

SIERRA, Virginia. *Metodologia da Investigação Científica*, Santiago de Cuba, 1995.

SOUZA Santos, Boaventura de. *Um Discurso Sobre as Ciências*. 2. ed. Porto: Afrontamento, 1988.

TAKETANI, Mituo, Apud: MOTOYAMA, Shozo. Op. cit. p 3-4. *In*: MARQUES, Paulo. *Sofismas nucleares: O Jogo das Trapaças na Política Nuclear do País*. São Paulo: HUCITEC, 1992.

TERCIO Sampaio Ferraz JR. *A ciência do direito*. 2. ed. São Paulo: Atlas, 1980.

TRUJILLO Ferrari, Alfonso. *Metodologia da pesquisa científica*. São Paulo: McGraw-Hill do Brasil, 1982.

VASCONCELOS Arnaldo. *Teoria da norma jurídica*. Rio de Janeiro: Forense, 1978.

WITKER, Jorge. *Pautas Metodológicas y Técnicas para el estudiante o investigador del Derecho*. Universidad Nacional Autónoma de México, Civitas [s.d.].

Printed in Dunstable, United Kingdom

91335476R00134